Biologische Beobachtungen Band II

Gilbert Brands

Acari
Milben

Inhaltsverzeichnis

1. ALLGEMEINE BIOLOGIE

1.1. LEBENSRAUM

Milben sind eine der artenreichsten Ordnungen des Tierreichs. Sie gehören zur Klasse der Spinnentieren (*Arachnida*), zu der auch Spinnen, Skorpione, Weberknechte und einige andere weniger bekannte Ordnungen gehören. Es sind ca. 30.000 Arten bislang bekannt. Trotz ihres ubiquitären und oft massenhaften Auftretens bleiben Sie aber aufgrund ihrer geringen Größe (*0,2 mm bis wenige mm*) meist weitgehend unbeachtet.

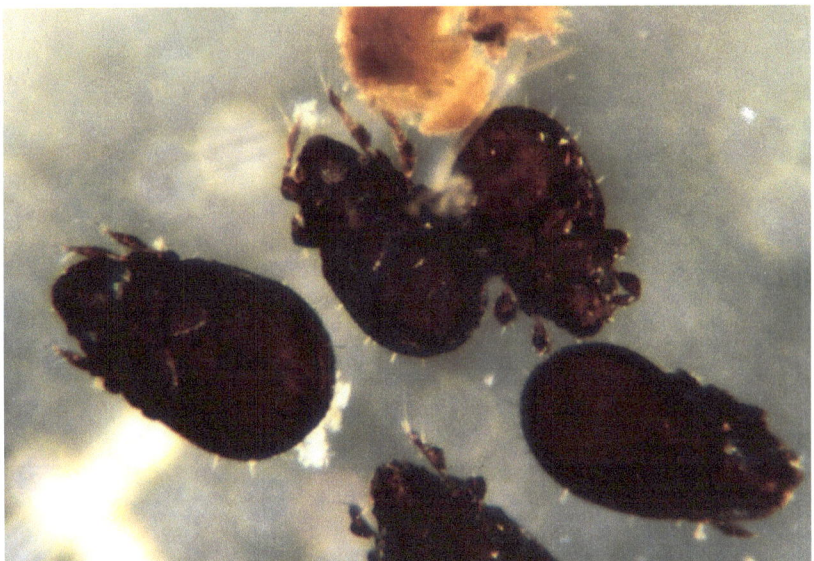

Abbildung 1: Hornmilben aus dem Boden. Zu beachten sind die beiden Klappenöffnungen im Panzer auf der Bauchseite. Aufgrund der kurzen Beine und der starken Panzerung sind die Tiere relativ schwerfällig.

Viele Arten sind Bodenbewohner. Hier leben sie von verrottenden Pflanzenabfällen, Detritus, Pilzen oder auch anderen Tieren wie kleinen Ringel- und Fadenwürmern. Andere Arten parasitieren auf oder in Pflanzen oder Vorräten und richten bei Massenbefall oft erhebliche Schäden an. Die Beziehungen zu anderen Tiergruppen

Abbildung 3: Schwach gepanzerte Milbe aus einem Flechtenrasen mit sehr langer Behaarung

Abbildung 2: Milben auf einem Laufkäfer, diesen als Transportmittel verwendend, von einem Baumstubben. Diese Milben sind relativ schnelle Raubmilben

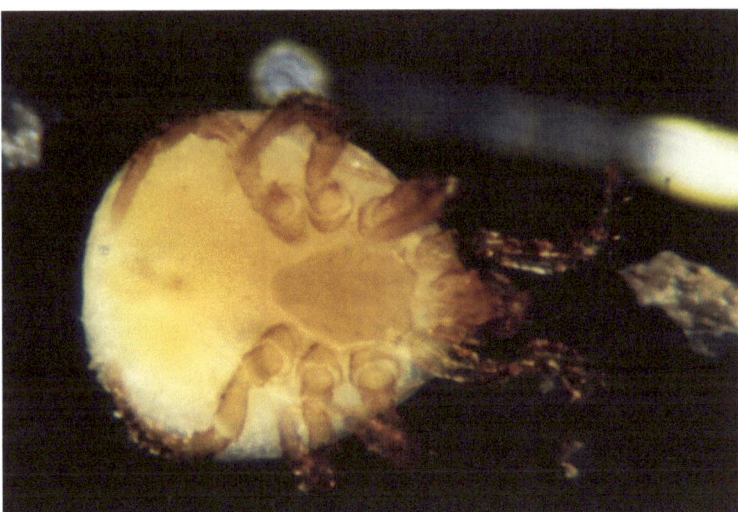

Abbildung 4: Raubmilbe, auf einem Laufkäfer mitreisend

reichen von der Benutzung als Transportmittel über äußeren Parasitismus und Brut-parasitismis bis hin zu innerem Parasitismus.

Als Transportmittel oder zumindest scheinbar als Transportmittel werden In-sekten, auf denen Milben aufgrund ihres noch relativ geringen Größenunterschieds

Abbildung 5: Parasitierende Milben auf einer Hummel

*Abbildung 6: Fam. Laelaptidae, auf einer Hummel gefunden. Mit paarigem Ge-
schlechtsorgan (schwarz, siehe Kapitel 4)*

in Bezug auf den Wirt besonders auffallen, aber auch größere Wirbeltiere benutzt,
auf denen sie dann oft kaum noch zu entdecken sind. Käfer sind manchmal vom größeren Mengen von Milben besetzt, ohne dass dies in jedem Fall den Wirt zu stören
scheint (*Abbildung 2*). Sie können den stark gepanzerten Käfern relativ wenig anha-
ben, und diese dienen den Milben als Transportmittel zum nächsten Futterplatz. Das
kann aber auch ein Teil des Futters sein, dass der Käfer sich selbst zugedacht hat, so
dass man aus einer Beobachtung noch nicht zwingend auf zufällige Begegnung, Symbiose, Schmarotzertum oder Parasitismus schließen kann.

Bei staatenbildenden Tieren wie Hummeln werden die Milben oft mit in die
Nester geschleppt, wo sie als Brutparasiten oder zumindest Schmarotzer auftreten
und Schaden anrichten können. Ein Vorkommen in einem Hummelnest dürfte eine
gewisse Spezialisierung mit sich bringen, was ein zufälliges größeres Auftreten un-
wahrscheinlich macht. Der Transport von Nest zu Nest erfolgt über Blütenbesuche
der Wirte: die Milben reisen mit den Hummeln zum Nahrungssammeln und werden
in den Blüten teilweise abgestreift, um dann mit der nächsten, die Blüte besuchen-

den Hummel in deren Nest zu gelangen. Die Milben vermehren sich in den Nestern teilweise so stark, dass die erwachsenen Hummeln beeinträchtigt, bei Einnisten in den Hautfalten möglicherweise auch geschädigt werden (*Abbildung 5*).

Andere Arten nisten sich beispielsweise in den Gehörgängen von Heuschrecken oder Schmetterlingen ein, was zum Ausfall des Organs führt. Interessanterweise wird aber immer nur ein Organ befallen, so dass der Wirt Feinde oder Geschlechtspartner wahrnehmen kann und nicht vorschnell zugrunde geht, denn das wäre auch das Ende der Milben. Weitere Beispiele werden wir in Kapitel 3 vorstellen.

Auch bei Wirbeltieren erfolgt oft ein Transport in die Nester (*beispielsweise Vogelzecken*), wo Parasitismus am Nachwuchs Schaden anrichten kann. Ständig auf Tieren lebende Milben schädigen ihren Wirt aber nicht zwangsweise. Viele Milben leben auf der Haut, im Fell, im Gefieder oder in der Kleidung und ernähren sich von abgesonderten Hautpartikeln, ohne lebendes Gewebe anzugreifen. Es kann jedoch zu allergischen Reaktionen kommen (*Hausstaubmilbe*). Erst bei Massenbefall oder bei Befall durch bestimmte Arten kommt es zu einer Schädigung des Wirts, der zu dessen Tod führen kann.

Äußerer echter Parasitismus ist oft mit Blutsaugen verbunden, innerer Parasitismus betrifft sehr kleine Arten, die in den äußeren Hautschichten leben und dort Gänge anlegen. Diese Gruppen übertragen oft gefährliche Krankheiten (*Zecken* → *Boreliose*) bzw. lösen bei stärkeren Befall Krankheiten aus (*Krätze*).

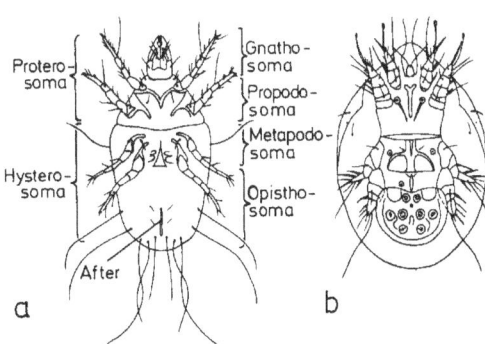

Abbildung 7: Körperbau und Nomenklatur

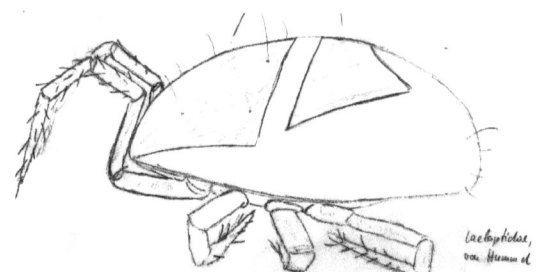

*Abbildung 8: Fam. Laelaptidae, Beine und Rückenpanzer,
siehe auch Parasiten*

1.2. HABITUS

Der Körper ist meist rundlich. Die Körpersegmente sind meist stark verwachsen, so dass nur der Vorderkörper (*Propodosoma*) und der Hinterkörper (*Metapodosoma und Opisthosoma*) auffallen (*Abbildung 7, Abbildung 8*). In vielen Gruppen fällt selbst diese Unterscheidung recht schwer; bei sehr kleinen Arten ist die Körpersegmentierung in manchen Fällen aber noch zu beobachten.

Milben besitzen in der Regel vier Beinpaare, von denen zwei Beinpaare im Vorderkörper, die anderen beiden im Hinterkörper inserieren. Für die Fortbewegung

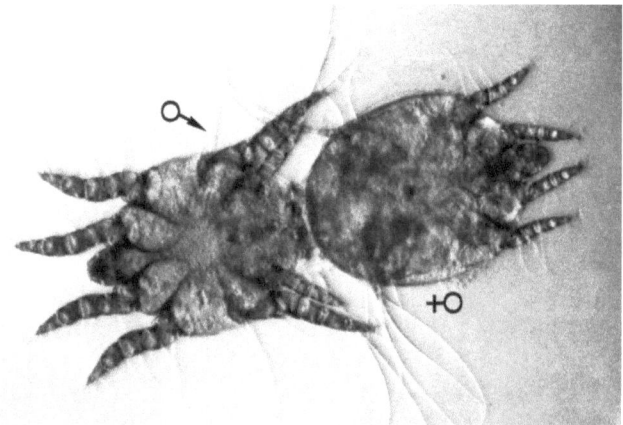

Abbildung 9: Kopulierende Milben (nach Siewing)

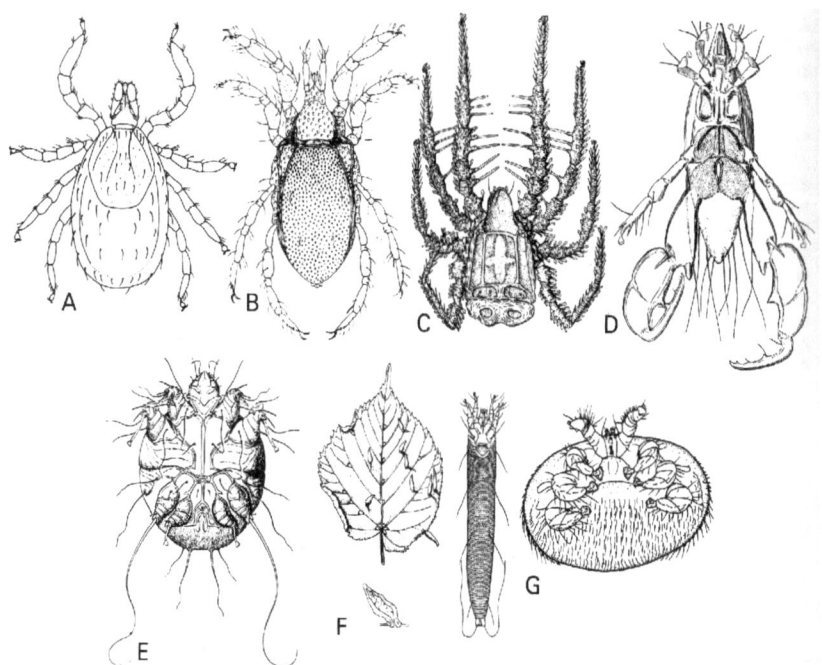

Abbildung 10: Übersicht über die Gestalt einiger Milbenformen. A: Zecke, B: Copidognathus, C: Caeculus, D: Atopomelus, auf Igeln lebend, E: Krätzemilbe, F: Gallmilbe, H: Räudemilbe, auf Igeln lebend (nach Siewing)

werden oft nur die Beinpaare II.-IV. Verwendet, während das I., manchmal verlängerte Beinpaar Tastfunktionen übernimmt. Bei einer Reihe von Arten oder bei Larven sind aber auch nur 3 oder 2 Beinpaare zu finden, wobei die Reduktion unterschiedliche Beine betreffen kann.

Der Kopfbereich wird Gnatosoma genannt und besteht aus einem eigenen, oft vorstreckbaren Körpersegment mit Tastern (*Palpen*) und Scheren (*Cheliceren*) zur Nahrungszerkleinerung. Hierbei handelt es sich formal um weitere Beinpaare, die aber mehr oder weniger stark umgeformt sind.

Den Rücken bedecken zwei Panzer, die getrennt oder verwachsen sein können. Tasthaare dienen der Orientierung der meist augenlosen Tiere (*siehe hierzu aber auch Kapitel 5.3*). Auf der Bauchseite ist eine große, mit Platten verschließbare Geschlechtsöffnung vorhanden. Die Sauerstoffversorgung erfolgt über ein Tracheensystem.

Die Fortpflanzung erfolgt meist parthogenetisch, d.h durch asexuelle Vermehrung, seltener geschlechtlich (*vergleiche Kapitel 6, Abbildung 9*). Die Tiere durchlaufen 2-3 Larvenstadium bis zum Erreichen der Adultgröße. Die Larven sind oft nur an der Größe von den adulten Tieren zu unterscheiden.

Milben sind recht vielgestaltig (*Abbildung 10 gibt eine Übersicht über einige Formen*). Morphologische Unterscheidungsmerkmale der Milbenhauptgruppen sind unter anderem

- Art der Cuticula, d.h. des äußeren Körperpanzers (*z.B. doppelbrechend im polarisierten Licht*),

- Anzahl und Lage der Tracheen, d.h. der chitinisierten Luftröhren, die die inneren Organe mit Atemluft versorgen,

- Existenz und Ausbildung von Trichobothrien (*spezielle haarförmige Tastorgane*) und weiterer innerer Organe,

- Ausbildung der Coxa, d.h der Basisglieder der Beine.

Die bekanntesten Hauptgruppen sind

1. Sarcoptiformes. Organischen Abfall verzehrende Bodenmilben mit zu ventralen Leisten umgewandelten Coxa und Trichobothrien, beispielsweise die stark gepanzerten Hornmilben (*Oribatei*).

2. Pflanzenbefallende Gallmilben, die in Gängen von Pflanzenblättern minieren. Gallmilben gehören zu den kleinsten Milben mit gestrecktem Körperbau und oft reduzierten Gliedmaßen. Sie können bei Massenbefall erhebliche Schäden verursachen.

3. Zecken (*Ixoides*). Diese sehr großen Milben mit besonders ausgeformten Kieferteilen parasitieren ausschließlich auf Tieren, wo sie Blut saugen und als gefährliche Krankheitserreger bekannt sind.

4. Raubmilben (Gamasida). Überwiegend Bodenbewohner, mit langen Beinen und sehr beweglich, wo sie als Räuber auftreten und insbesondere Würmer erjagen und aussaugen.

Abbildung 11: rote Raubmilbe aus Aktendeckeln

Abbildung 12: Milbenleiche mit Pilzhyphen und aasfressender Milbe

2. EXPERIMENTELLE HINWEISE

Abbildung 13: Milbe mit lederartiger Haut (Zecke?) aus Baumstubben

2.1. FOTOGRAFIE

Die fotografische Darstellung von Milben in ihrem natürlichen Lebensraum stellt einige Ansprüche an die Mikro/Makrofotografie. Die Rohmaterialbeschaffung ist in der Regel das kleinste Problem, wimmelt es doch in fast jeder Erd- oder Moosprobe mit sich zersetzenden Pflanzenresten von unterschiedlichsten Arten. Trotz des Fehlens echter Augen reagieren die Tiere jedoch außerordentlich allergisch auf Licht und ziehen sich schnell in die unteren Stockwerke der Probe zurück. Selbst die Verwendung von Kaltlichtleuchten nützt wenig, was auf eine Licht- und nicht nur auf eine Wärmesensibilität hinweist.

Als Beispiel sei die rote Raubmilbe (*Abbildung 11*) betrachtet. Sie wurde auf dem Dachboden zwischen alten Akten gefunden, kommt aber auch häufig auf Rinde

Abbildung 14: Milbe aus Moosrasen

und Steinen vor. Sie besitzt zwei rote, lichtempfindliche Flecke, die aber nicht unbedingt als Augen interpretiert werden können. Im Habitus mit ihren stachelbewehrten Beinen ähnelt sie eher Spinnen oder Weberknechten.

Ein weiteres Problem ist die Wendigkeit und Kleinheit der Tiere. Für die Makrofotografie sind sie meist zu klein und müssen mit dem Binokularmikroskop beobachtet werden. Hat man kein Gerät mit integrierter Kamera, so dauert der Wechsel vom Auge zur Kamera oft schon ausreichend lang, um dem Tier Gelegenheit zum Verschwinden zu geben. Der schnelle Ortswechsel erschwert das Scharfstellen und macht die Verwendung eines Blichtlichtes für Schärfe und Tiefenschärfe notwendig. Eine gute Aufnahme benötigt daher eine ganze Reihe von Anläufen bis zum Erfolg. Die Beispiele stammen zum Teil noch aus der Analog/Filmzeit mit begrenztem Materialaufwand; mit Digitalkameras mit Beobachtungsmöglichkeit auf dem Display, nicht zu langer Auslösungsverzögerung gelangt man mit ein wenig Geduld aber schon ans Ziel, zumal Digitalfotografien deutlich pflegeleichter bei der Nachbearbeitung sind.

Milben gehören wie Pilze zu den Resteverwerten im Bodensystem, stellen aber manchmal auch selbst den Rest dar wie eine Milbenleiche, die von Pilzhyphen über- zogen ist (*Abbildung 12*). Bei der Aufnahme wurde in einer Körperöffnung eine zweite winzige Milbe aufgeschreckt, die nun über den Leichnam krabbelt. Sie frisst ebenfalls an der Milbenleiche und nicht an den Pilzfäden. Es gilt also häufig, genau hinzuschauen, will man wichtige Details nicht übersehen.

In Pilzen und Moosen finden sich häufig langsame, hell gefärbte und schwach gepanzerte Formen mit langen Körperborsten (*Abbildung 14*). Trotz ihrer Behäbig- keit gehören auch sie nicht zu den einfach zu fotografierenden Objekten. Die Rolle der langen Borsten ist unklar.

In Baumstubben finden sich stärker gepanzerte Formen wie die mit einem le- derartigen Panzer ausgestattete in Abbildung 13. Sie ähnelt insofern einer Zecke (*Status des aufgenommenen Tieres unklar*), als bei diesen die lederartige Beschaf- fenheit und äußerste Zähigkeit des Körperpanzers häufiger zu beobachten ist.

2.2. PRÄPARATIONSTECHNIK

Genaue Studien zur Anatomie oder zur Funktion bestimmter Organe sind nur nach Präparation der Tiere durchführbar. Die Präparation der Tiere kann

- als Totalpräparat zum Studium der äußeren Organe oder

- als Schnittserie durch den Körper zum Studium der inneren Organe

erfolgen. Für die Präparation werden die Tiere zunächst in Fixierlösung oder Alko- hol getötet. Für Schnittserien ist eine sorgfältige Fixierung notwendig, um die inne- ren Organe in gutem Zustand zu erhalten. Für Totalpräparate genügt Fixieren in 70% Alkohol, da die äußere Chitinhülle und die als einzigen inneren Organe sichtba- ren Muskeln hiervon nicht bzw. wenig verändert werden. Totalpräparate können von nahezu allen Arten hergestellt werden, während für Schnittserien nur relativ weich- häutige Arten in Frage kommen, da der Panzer beim Schneiden leicht splittert und den Schnitt zerreißt.

Aufgrund der Kleinheit der Tiere empfiehlt es sich, jeweils ca. 10 Tiere gleich- zeitig zu verarbeiten, so dass bei den unter Hobbybedingungen kaum vermeidbaren Verlusten während der Präparation noch genügend Exemplare im Endpräparat vor- handen sind. Die Tiere werden in einem kleinen Schnappdeckelglas mit den Präparationsflüssigkeiten behandelt. Die Flüssigkeiten können mit einiger Vorsicht mit einer Pipette gewechselt werden. Hierbei ist die Pipettenöffnung gegen den Boden des Glases zu drücken, so dass die Tiere nicht in die Pipette gelangen können. Das Absaugen muss langsam erfolgen, um Verletzungen zu vermeiden.

Für Totalpräparate ist außer der Entwässerung und Einbettung meist keine weitere Aktion angesagt, da die inneren Organe meist transparent werden und die Tastorgane nahezu in Lebendposition verharren. Sehr hart gepanzerte und opake Arten sowie Problemarten, die bei der Präparation eintrüben, können nach dem Abtöten auch mehrere Tage in verdünnte Kalilauge (5%) gebracht werden. Hierdurch löst sich das Körperinnere auf und die Panzer werden transparenter; bei zarteren Arten muss man aber auch mit mehr oder weniger großen Deformationen rechnen. Die Lauge muss sehr sorgfältig in mehreren Wasserbädern ausgewaschen werden, um später nicht zu Eintrübungen zu führen.

Die Tiere werden anschließend durch eine steigende Alkoholreihe (*bis 100% Isopropanol*) entwässert und mehrere Tage in Xylol aufgehellt, bis sie transparent sind (*ggf. nochmals entwässern und Xylolbad wiederholen*). Die Zeiten sollten nicht zu kurz gewählt werden, da nur wenige Körperöffnungen für den Flüssigkeitstausch vorhanden sind. Luftblasen können ev. durch einige Zeit im Vakuum (*Wasserstrahlpumpe*) entfernt werden. Aus den Xylolbad erfolgt ggf. in mehreren Zwischenstufen die Überführung in Kanadabalsam und Einbettung zwischen zwei Deckgläsern. Es empfiehlt sich eine Einbettung zwischen Deckgläsern, da das Präparat so unter dem Mikroskop gedreht werden kann und beide Körperseiten untersucht werden können, was bei Einbettung auf einem Objektträger nur bei kleineren Vergrößerungen möglich ist, da sonst das Objektiv gegen den Objektträger stößt (*für die Tastorgane ist auch schon einmal die Nutzung eines Immersionsobjektives sinnvoll*).

Die Überführung in Xylol kann bei zu schnellem Wechsel zu starken Schrumpfungen der inneren Organe führen, die Überführung in Kanadabalsam zu irreversiblen Trübungen.[1] Hier muss ggf. mit Konzentrationsreihen experimentiert werden.

Bei der Präparation krümmen sich die Beine häufig unter den Körper und sind anschließend nun schwierig zu untersuchen. Beim Abtöten der Tiere auf einem Objektträger unter einem Deckglas bleiben die Beine gestreckt, jedoch muss die Lage mindestens 24 Stunden beibehalten werden, um nachträgliche Einkrümmungen aus-

---

1   Bei einigen Arten konnten Trübungen im Endpräparat nicht vermieden werden. Trotz transparenter Xylolpräpate wurden die Milben im Harz sofort trübe. Diese in mehreren Versuchen gefundene Reaktion weist auf chemische Hintergründe und weniger auf unzureichende Entwässerung hin.

Abbildung 15: Saproglyphide, auf einem faulenden Pflanzensamen

zuschließen. Dabei muss darauf geachtet werden, dass die Probe nicht zu weit trock-
net, da sonst die Körper zerquetscht werden. Arbeiten in einer Kammer, z.B. einer
geschlossenen Petrischale, ist daher obligatorisch.

Die Präparation für Schnittpräpatate erfolgt wie oben beschrieben, wobei die
Tiere nach dem Xylolbad in ein Paraffinbad überführt werden (*ca. 60°C*) und dort
mehrere Tage zur Durchtränkung bleiben. Wie oben muss ggf. mit steigenden Konzentrationsreihen gearbeitet werden.

Die Einbettung in einen Paraffinblock muss so erfolgen, dass alle Tiere möglichst dicht beieinander liegen. Dies kann mit einer weiten Pipette erfolgen, in die
alle Tiere eingesaugt werden. Anschließend sollten alle zur Spitze sacken. Das Paraffin kann hierbei vorsichtig mittels einer Kerzenflamme flüssig gehalten werden. Auf
diese Weise lassen sich alle Tiere in wenigen Tropen auf den Paraffinblock übertragen, der anschließend mit reinem Paraffin auf die notwendige Schnittgröße gebracht
wird.

Da die genaue Lage der Tiere nicht bekannt ist, sind möglichst umfangreiche
und vollständige Schnittserien anzufertigen, die insgesamt 1-3 mm des Blocks umfas-

Abbildung 16: auf einem Rasen aus Pilzfäden. Deutlich zu erkennen sind Kopfbereich, Prosoma und Opisthosoma

Abbildung 17: Kopulierende Milben. Das kleinere Männchen ist oben, die Körper sind gegeneinander gerichtet

Abbildung 18: Tier auf Substrat

sen sollten. Hierdurch sind mehrere vollständige Schnittserien durch einzelne Tiere
möglich. Am besten eignet sich hierzu ein Rotationsmikrotom. Die anschließende
Präparation der Schnitte erfolgt wie gewohnt für tierische Präparate (*Azan-Färbung,
Hämatoxylin, usw.*).

Abbildung 19: Tiergruppe auf faulendem Pflanzensamen

Sofern es die Qualität der Schnittserien erlaubt, kann fotografisch eine 3D-Rekonstruktion versucht werden. In der Regel misslingen aber eine Reihe von Schnitten oder Präparaten (*Fehlen einzelner Schnitte, Falten der Schnitte, Ablösen während der weiteren Präparation*), so dass solche Untersuchungen nur selten vorgenommen werden können.

Sehr wichtig sind Beobachtungsmöglichkeiten im polarisierten Licht. Viele Details werden erst hier richtig sichtbar; für die Untersuchung der Muskelverläufe im Totalpräparat gibt es kaum eine anderen Methode (*siehe unten*). Wer über eine Phasenkontrasteinrichtung verfügt, wird auch das eine oder andere damit entdecken können. Auch höhere Vergrößerungen wird man häufiger benötigen.

3. BEOBACHTUNGEN IM LEBENSRAUM

In diesem Kapitel werden einige Beobachtungen an Milben verschiedener Gruppen als Beispiel für die Entdeckungsmöglichkeiten vorgestellt. Die Auswahl ist nicht systematisch, sondern folgt zufällig entdeckten größeren Milbenvorkommen.

3.1. SAPROGLYPHIDAE

Die Vertreter dieser Familie sind häufig an faulenden Pflanzenresten zu finden. In feucht gehaltenen Pflanzenkulturen überzieht sich der Boden und die nicht keimenden Samen mit Pilz- und Bakterienkulturen, die von den Milben beweidet werden. Die Vermehrungsrate erreicht bei ca. 30 °C ihr Maximum. Beobachtet wurden die Milben bei einem Anzuchtversuch von Trompetenbaumsamen in sehr feuchter Athmosphäre. Die Tiere treten bei diesen günstigen Bedingungen in größeren Massen auf und lassen sich dadurch leicht und über einen größeren Zeitraum beobachten (*Abbildung 17, Abbildung 18, Abbildung 19*).

Der Körper ist farblos und halbtransparent und besitzt keine Panzerung. Die Coxa liegen in Form flacher Platten der Körperunterseite auf. Die Beine sind relativ kurz und schwach, die Tiere bewegen sich nur träge. Das Gnathosoma ist relativ zart, aber stark nach vorne weisend. Beim Fressakt arbeiten die beiden Cheliceren jeweils im Gegentakt. Propodo- und Opistosoma sind von Haaren bedeckt, wobei eine aus

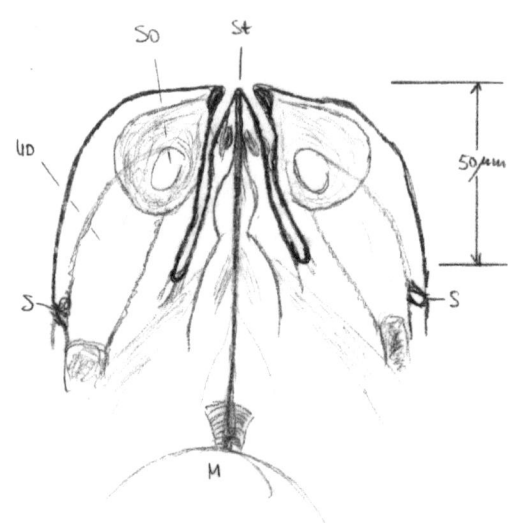

Abbildung 20: Mundwerkzeuge der Spinnmilbe

vier Haaren bestehende Reihe auf dem Propodosoma mit längeren Außen- und kürzeren Innenhaaren auffällt.

Auffallend sind kleine, stark lichtbrechende Bläschen im Hinterleib, der dunkel gefärbte Darm und bei einigen Individuen Eier im Hinterleib.

Eine große Populationsdichte erlaubt die Beobachtung aller Altersstadien. Die Eier sind relativ groß. Außer durch die Gesamtgröße und ein im Verhältnis etwas kleineres Opisthosoma sind Jungtiere und adulte Tiere kaum zu unterscheiden. Weibchen sind jedoch stets deutlich größer als Männchen (*Beobachtungen bei der Paarung, Abbildung 17*).

Zum Geschlechtsakt reiten die Männchen den Weibchen auf. Wie Abbildung 17 zeigt, sind sie dabei voneinander abgewandt. Von ihrer Bauchseite dringt der Penis in die Geschlechtsöffnung des Weibchens (*siehe Kapitel 4*). Die Tiere bei der Kopulation sind ziemlich fest miteinander über einen längeren Zeitraum verbunden und fressen auch in dieser Haltung. Nur sehr starke Störungen führen zum vorzeitigen Abbruch. Bei der Trennung hinterlässt das Männchen einen Kothaufen auf dem Weibchen, der vermutlich der Abschreckung weiterer Männchen auf der Suche nach Geschlechtspartnerinnen dient.

3.2. SPINNMILBEN AN HIBISCUS

Ein im Wohnraum gehaltener Hibiskus (*Bonsai*) wies einen deutlichen Spinnmilbenbefall auf. Die Blätter waren ober- und unterseits einschließlich der Blattstiele mit feiner Spinnenseide überzogen, in der eine mäßig starke Milbenpopulation lebte. Andere tierische Bewohner wurden nicht beobachtet. Die Pflanze schien durch den

Befall nicht wesentlich beeinträchtigt zu werden: die Blätter wurden nicht oder allenfalls schwach zum Welken gebracht, die Ausbildung neuer Blätter war nur schwach behindert. Das Befallsbild war über längere Zeit stabil. Durch den Standort war auch hier die Möglichkeit einer länger andauernden Beobachtung gegeben.[2]

Die Blätter besitzen 5 Hauptrippen. Die mittlere Hauptrippe weist unterseits bereits an jungen Blättern in kurzer Entfernung von der Blattbasis einen sirupösen klaren Tropfen auf, auf dessen Oberfläche oft tote Milben liegen. Querschnitte durch das Blatt weisen außer im Bereich des Tropfen keine Auffälligkeiten auf. Im Bereich des Tropfens ist die mittlere Rippe (*und nur diese*) verändert. In diesem Bereich ist die untere Epidermis, das zwischen Epidermis und Rippe gelegene Parenchymgewebe und ein Teil der Rippe durch einen Pilz befallen. Direkt auf der Epidermis werden doppelt gekammerte Sporen gebildet, die ohne Träger direkt aus der Epidermis wachsen. Das Pilzgewebe ähnelt Ascomyceten der Gattung Stemphylium. Die Pflanze weist somit einen Doppelbefall durch Spinnmilben und Schlauchpilze auf.

Bei genauerer Untersuchung des Pilzbefalls zeigt sich, dass das Parenchymgewebe von Pilzhyphen durchsetzt, in der Rippe die Sklerenchymbildung unterdrückt ist. Das Protophloem ist ebenfalls stark von Pilzhyphen durchsetzt. Die Zellen wirken hier kompakter und uniformer als in gesundem Gewebe. Im Zellbereich zwischen den normal wirkenden Tracheiden sind jedoch nur noch wenige Pilzhyphen zu beobachten. Im Xylem oberhalb der Tracheiden finden sich keine Pilzfäden mehr. Außerdem finden sich im Bereich des Befalls etwa doppelt so viele Oxalatdrusen wie im unbefallenen Blattbereich.

Der Befund ist so zu interpretieren, dass Milben und Pilz als Gemeinschaft auftreten (*der Be-*

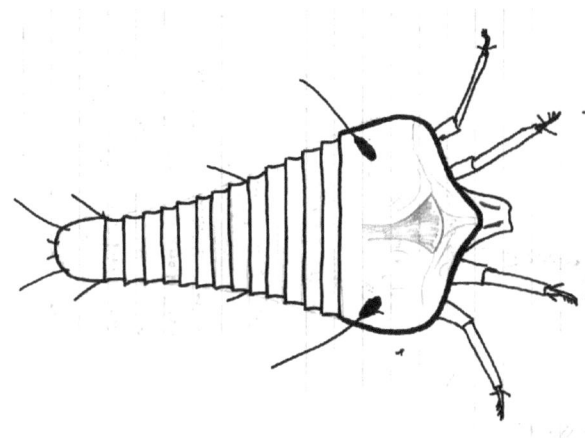

Abbildung 21: Habitus einer Gallmilbe mit 2 Beinpaaren und unverwachsenen Hinterleibssegmenten

2   Zu diesem Beitrag gehören Abbildung 46, Abbildung 48 und Abbildung 47, die aus technischen Gründen ab Seite 31 zu finden sind. Auch bei den folgenden Beiträgen sind die Fotografien gegenüber den Texten verschoben.

Abbildung 22: geöffnete Blattmine mit Gallmilben

griff Symbiose ist aber wohl doch übertrieben). Den Spinnmilben ist es aufgrund ihrer geringen Größe nicht möglich, das Leitungsgewebe durch Anbeißen der äußeren
Zellschichten zu erreichen (*s.u.*). Ein größerer Befall der Pflanze durch die Milben
könnte sonst auch leicht zu größeren Läsionen der Blätter führen. Der Pilz wiederum

*Abbildung 23: Tarsen von Oben und
von der Seite*

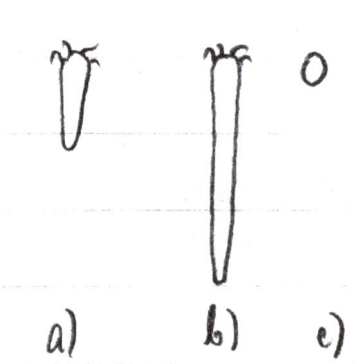

*Abbildung 24: verschiedenen Körper-
längen*

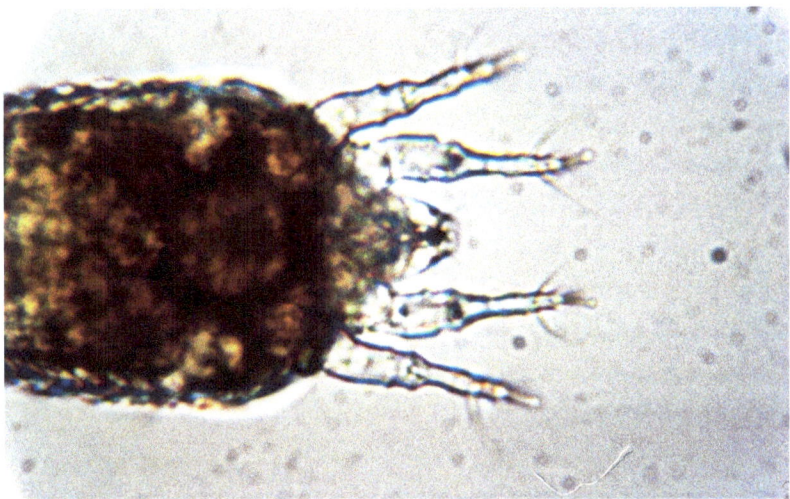

Abbildung 25: Mikroaufnahme einer Gallmilbe

stellt eine dauerhafte Verbindung zu den zentralen Leitungsbahnen her und liefert durch den abgesonderten Tropfen eine ausreichende Nahrungsquelle für die Milben,

Abbildung 26: Gallmilben, Inidividuen auf der Blattoberfläche

ist aber nicht sehr aggressiv und schädigt die Pflanze daher nur mäßig. Die Milben sind nach Erscheinen des Tropfens nicht mehr auf das Anstechen von Oberflächenzellen angewiesen, was ebenfalls zur relative Unversehrtheit der Blätter beiträgt.

Der Pilz besitzt ein relativ beschränktes Wachstum (*oder die Pflanze ist in der Lage, das Wachstum einzuschränken*) und kann daher bei seiner Verbreitung auch nicht auf eine hohe Sporenproduktion setzen. Er befolgt eine andere Strategie und gibt seine verhältnismäßig wenigen Sporen in den Tropfen ab, wo sie anschließend von den Milben mit der Nahrung aufgenommen werden oder sich an den Milbenorganen (*Cheliceren, Beine, usw.*) festsetzen (*vermutlich werden aufgenommen Sporen auch verdaut; die infektiösen Sporen sind die an der Milbe haftenden*). Gelangen die Milben auf andere Blätter oder Pflanzen, so infizieren sie dort durch Anstechen der äußeren Zellen das Blatt mit den Pilzsporen. Der Pilz kommt somit mit relativ geringem Aufwand mit Hilfe der Milbe zum Verbreitungserfolg.

Abbildung 28: Ansicht von der Oberseite

Abbildung 27: Hornmilbe aus vermoderndem Holz.

Bei jungen Blättern ist vorzugsweise die Unterseite der Mittelrippe einem Angriff zugänglich, weil das Gewebe hier zart und klein genug ist, um problemlos von den Milben angestochen zu werden. Die Infektion erfolgt somit in einem sehr frühen

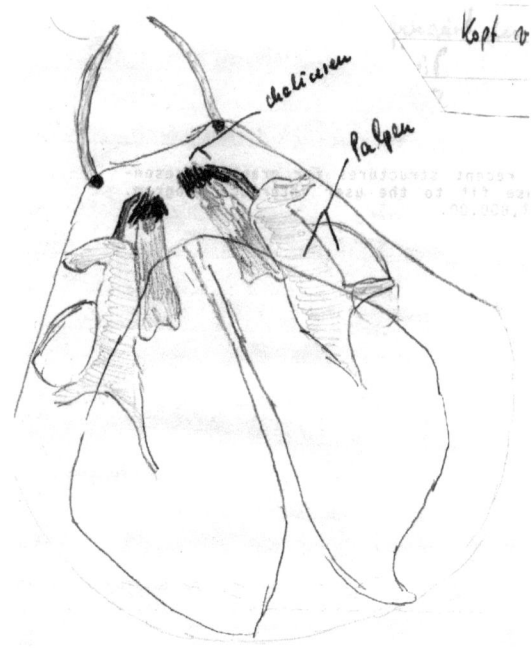

Abbildung 29: Mundbereich mit Cheliceren

Stadium der Blattentwicklung an einer bevorzugten Stelle, was auch die weitgehende Konstanz der Tropfenposition erklärte. Dieses Bild wird durch den relativ kompliziert gebauten Mundapparat der Milben gestützt. Die Cheliceren sind nicht zu Zangen ausgebildet, sondern zu Saugnäpfen umgebildet (*Abbildung 20*). Von unten betrachtet ist der bewegliche Teil der Cheliceren noch an einem Scharnier zu erkennen. Beide Chelicerenteile liegen eng zusammen und bilden einen Hohlraum, der durch Muskeln am unteren Ende verändert werden kann. Vorne endet der Hohlraum in einer kreisförmigen Öffnung mit breitem Saum, an der Spitze finden sich zusätzlich eine verstärkte Schneidekante.

Zwischen den umgewandelten Cheliceren befindet sich ein spitzes Labrum in einer Hauttasche von ca. 50 μm Tiefe. Im Inneren verläuft ein Kanal bis in den Magen. Durch wulstförmige kräftige Muskeln ist das Mundteil vorstreck- und zurückziehbar.

Mittels der Saugvorrichtung kann sich die Milbe an der Kutikula festsaugen und mit den Schneidkanten die Blattoberfläche anschneiden. Die spitze Sauglippe vermag anschließend in die Zelle vorzustoßen und sie auszusaugen. Durch die Muskelwülste wird die Verletzung zusätzlich abgedichtet. Die Gesamteindringtiefe der Mundwerkzeuge liegt bei ca. 100 μm, was nicht zum Erreichen der zentralen Leitungsbahnen eines ausgewachsenen Blattes reicht, jedoch der Milbe das Überleben sichert, bis der Pilz für die Bildung des Tropfens sorgt, auf dessen Aufnahme die Milben dann umsteigen können.

Durch das Verspinnen der Blattoberfläche werden andere Schädlinge an der Besiedlung gehindert und außerdem die Milben gegen Feinde geschützt.

Abbildung 30: I. und II. Beinpaar

Abbildung 31: Hornmilbe aus einem Moosrasen

3.3.   GALLMILBEN

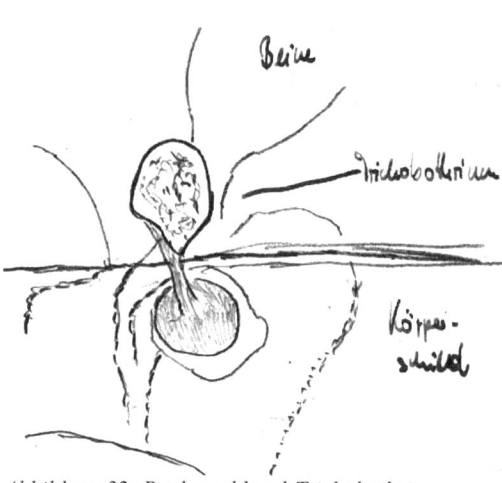

Abbildung 32: Paukenschlegel-Trichobothrien

Gallmilben leben im Inneren von Blättern von Gefäßpflanzen und gehören zu den kleinsten Milben (*Abbildung 22*). Die Größe liegt häufig im Bereich von nur 0,15-0,20 mm. Die Milben besitzen oft nur 2 anstelle der sonst üblichen 4 Beinpaare (*Abbildung 21, Abbildung 25*). Die hier beschriebene Art lebt im Inneren von Kirschbaumblättern. Sie bildet dort mäßig verdickte, aber sehr harte Geschwulste (*Gallen*). Der Standort im Garten ermöglicht wieder eine längere Beob-

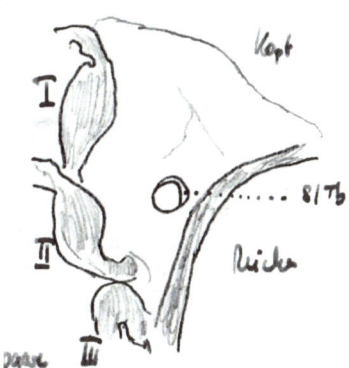

Abbildung 33: Coxa und Stigma

achtung und erneute Probenahme. Gallen in Krustenform sind eher unauffällig; an anderen Pflanzen können Gallen auffälligere Geschwulste bilden und auch recht beträchtliche Größen erreichen.[3]

Der Körper der Gallmilben ist lang gestreckt, die Segmente des Hinterleibs im Gegensatz zu den Arten anderer Gruppen nicht vollständig verwachsen, so dass eine Ringelung entsteht. Der Thoraxschild im Kopfbereich ragt über den Kopf vor. Auf dem Schild befinden sich zwei lange Taster, die auf erhabenen Sockeln inserieren (*Abbildung 25*). Das

Abbildung 34: Hornmilbe mit umgeschlagegenen Enden des Rückepanzers. Tarsen mit 3 Krallen

---

3 Andere Gallenbildner sind Wespen oder Pilze. Was genau die Ursache für eine Gallenbildung ist, lässt sich meist nur durch eine nähere Untersuchung des Inneren klären.

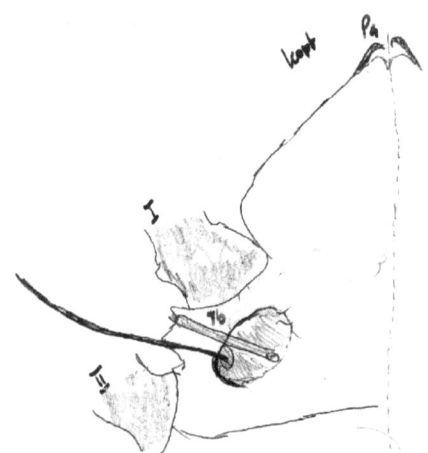

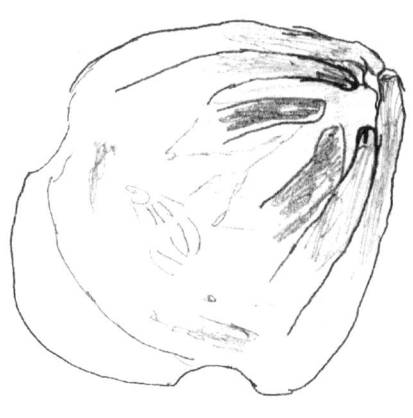

Abbildung 36: Trichobothrium und Haar   *Abbildung 35: Mundbereich*

Abbildung 37: Bein mit Endkralle

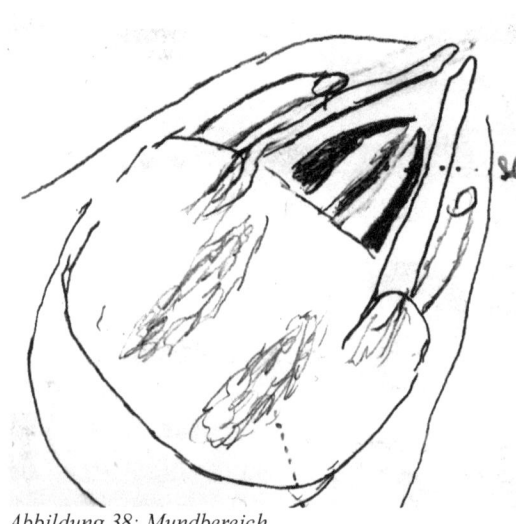

Abbildung 38: Mundbereich

letzte Fußglied ist fadenförmig mit einem Doppelkamm aus Borsten. Aufgrund der Kleinheit der Tiere sind Beobachtung und Präparation selbst zu Totalpräparaten schwierig. Die Aufnahmen hier sind Lebendaufnahmen bei relativ hoher Vergrößerung.

Die Tiere minieren in den Blättern, die hierdurch fleckig werden und harte Verdickungen bilden (*Abbildung 22*). Der Minierbereich ist rundlich und

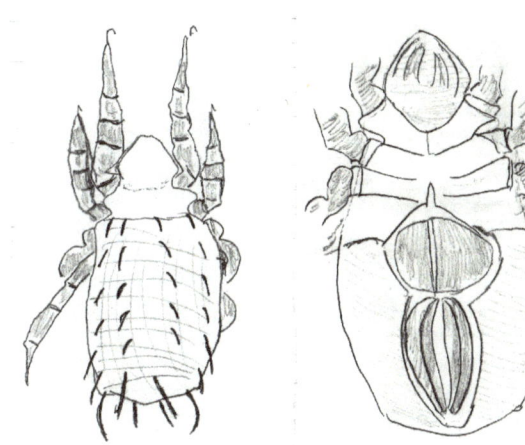 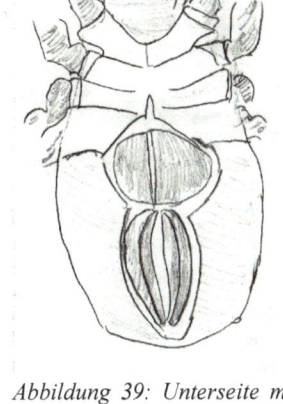 

Abbildung 40: Rückenan-   *Abbildung 39: Unterseite mit*   *Abbildung 41: Tarsen mit*
sicht   *Anal- und Geschlechtsplatte*   *Krallen und Hafthaaren*

wächst gleichmäßig, d.h. die Tiere minieren nahe beieinander liegende Gänge, die
eine große Kammer bilden, und legen keine im gesamten Blatt verzweigten Gänge
an. Einzelne Tiere bewegen sich auf der Blattoberfläche, jedoch sind diese wesentlich kürzer und beweglicher als die madenartigen Wesen der Minen (*Abbildung 26*).
Vermutlich handelt es sich hierbei um die Verbreitungsform, die auf ein nicht geklär-

Abbildung 42: große, aneinander stoßende Anal- und Sexualplatten, Tarsen mit 1
Kralle

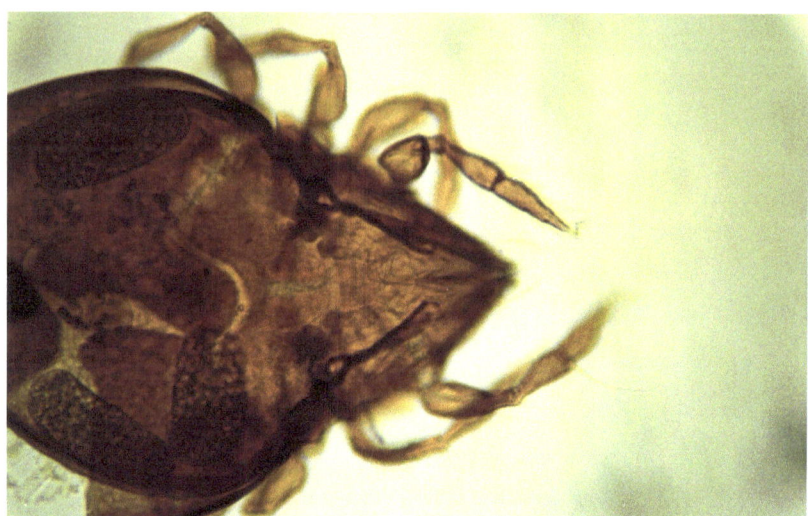

Abbildung 43: Hornmilbe mit "Flügeln" und Eiern im Körperinneren

te Art auf andere Blätter oder Pflanzen gelangt. Die Larven und Eier in der Ge-schwulst sind relativ groß.

Abbildung 44: Milbe auf einer Blattlaus

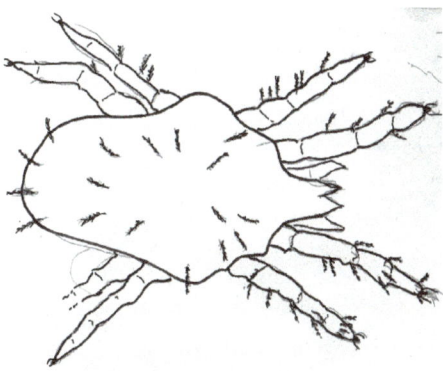

Abbildung 45: Rückenansicht der Milbe

3.4. HORNMILBEN (ORIBATEI)

Hornmilben fallen in der Regel schnell auf. Sie sind meist mehr oder weniger intensiv braun gefärbt, rundlich geformt, besitzen eine starke Panzerung und bewegen sich relativ langsam. Oft erinnern sie mehr an einen Käfer als an eine Milbe. Der Lebensraum ist vorzugsweise der Boden, Moosrasen oder zerfallendes Holz, wo sie zu den weitaus häufigsten Milbenarten zählen und sehr leicht zu finden sind. Ihre stabilen Panzer überdauern meist auch den Tod des Tieres mehr oder weniger unversehrt, so dass selbst Trockenproben, die längere Zeit gestanden haben, noch Untersuchungsmaterial liefern können (*beispielsweise in den Wintermonaten, in denen außen keine Proben gesammelt werden können*).

Abbildung 46: Spinnmilbe

Abbildung 48: Der endgültige Sieger der Siedlungsfolge: eine kleine Spinne

Abbildung 47: Blattläuse mit Spinnmilben

Abbildung 49: sich an Haare der Hummel klammernde Milbe

Abbildung 50: Befall der Falte zwischen Kopf und Brust, hier insbesondere viele Lar-
venstadien

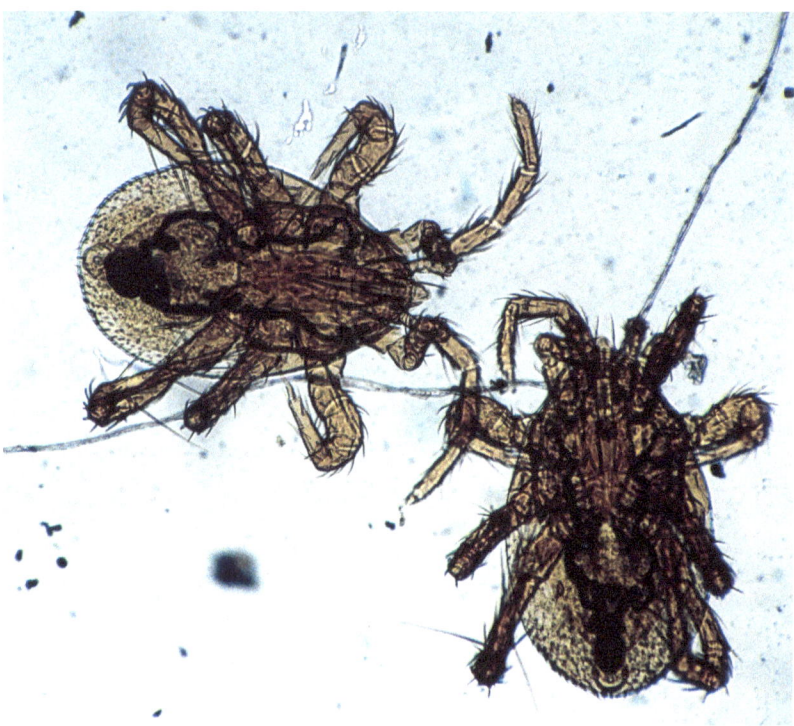

Abbildung 51: Präparierte Tiere

Bei der beobachteten Art aus der Familie Pelopsidae (*Abbildung 27 ff.*) aus vermoderndem Holz ist das Gnathosma durch den Kopfschild verdeckt. Der vom
Brustschild abgesetzte Rückenschild ist weit heruntergezogen und bildet eine Rolle
um die Flanken ähnlich den Flügeldecken eines Käfers. Er ist oberseitig gefeldert, am
Vorderende sitzen zwei Paukenschlegeltrichobothrien (*Abbildung 32, Erläuterung
zur Funktion dieser Organe siehe weiter unten*). Die Tarsenendglieder (*Fußendglie-
der*) sind behaart und besitzen 3 Krallen (*Abbildung 41*).

Die zweite hier beschriebene Art stammt aus einem Moosrasen (*Abbildung 31*)
und ist sehr klein, bräunlich gefärbt und fast kugelförmig. Wie bei der vorhergehenden Art sind die Mundteile unter dem Kopfschild verdeckt (*Abbildung 29*). Das
Rückenschild überlappt den Hinterleib. Die Füße besitzen keine Krallen und enden
in Spitzen. Die Tiere bewegen sich sehr langsam durch ihr Habitat.

Das Stigma (*Atemöffnung*) liegt zwischen dem 1. und 2. Beinpaar. Die Coxa
(*Hüftplatten*) von Beinpaar I+II und III+IV sind jeweils miteinander verwachsen.

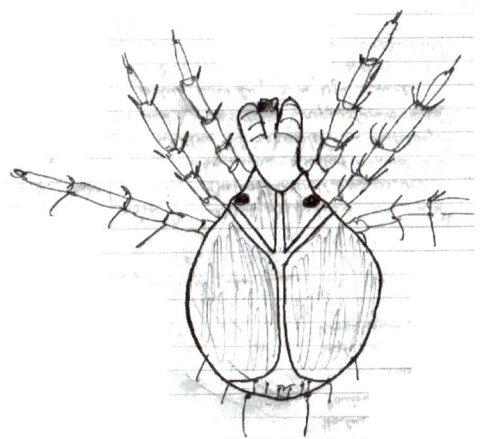

Abbildung 52: Gesamtansicht einer Wassermilbe

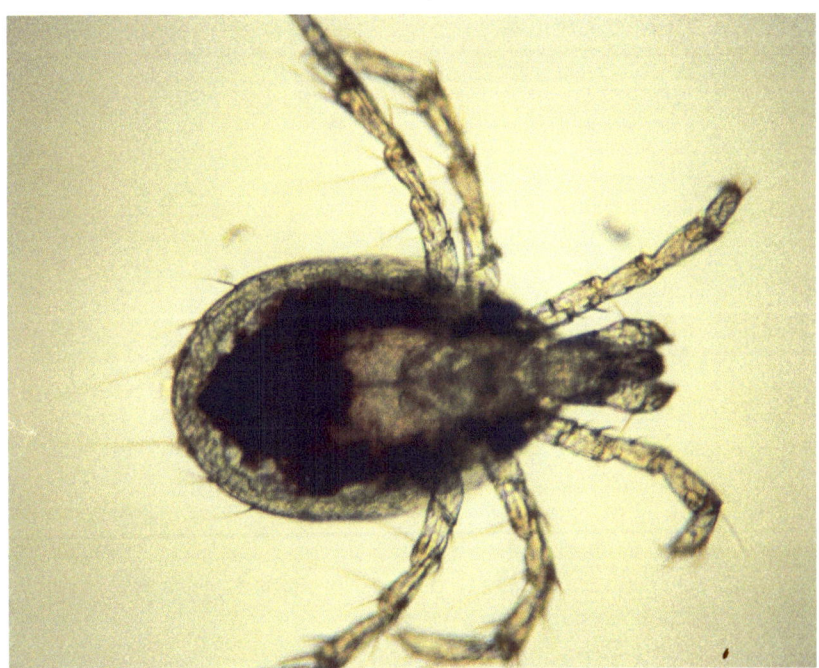

Abbildung 53: Wassermilbe mit stark vorgestreckten Kopfbereich

Bei der dritten Art (*Abbildung 40 ff.*) besitzt die Oberseite eine Behaarung und ist gefeldert. Die Beine sind relativ lang und besitzen eine Klaue. Das Gnathosoma ist vom Kopfschild bedeckt. Auf dem Rücken befindet sich zwischen dem I. und II. Beinpaar ein Höcker, an dem ein Trichobothrium sowie ein Haar inserieren (*Abbildung 36*).

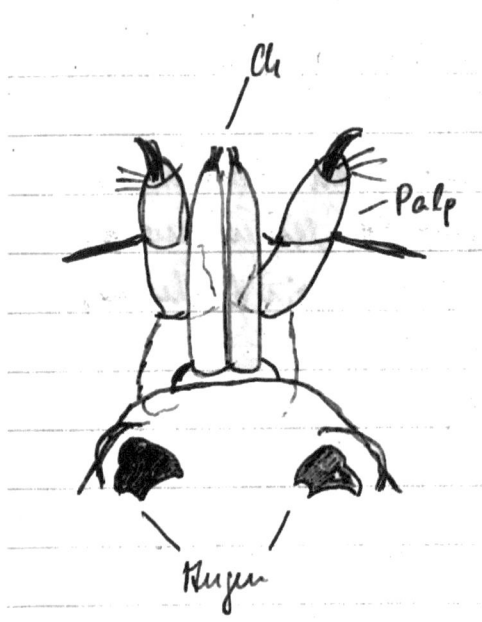

Die Coxa bilden vier Brustplatten. Der Hinterleib ist deutlich vom Vorderkörper getrennt und weist große Anal- und Geschlechtsplatten auf, die einander berühren.

Die in Abbildung 43 dargestellte Art besitzt flügelförmige Fortsätze am Brustpanzer. Die ovalen blasigen Strukturen im Körperinneren sind vermutlich Eier.

Abbildung 54: Palpen/Chelicerenbereich, Oberansicht

MILBEN AN BLATTLÄUSEN

Auf schwarzen Blattläusen mit stärkerem Körperpanzer als bei den häufigeren grünen konnten langgestreckte Milben mit kräftigem Gnathosoma und Cheliceren beobachtet werden (*Abbildung 44, Seite 30*). Die Tarsen sind mit Krallen und Haftorganen ausgestattet. Die Milbe klammerte sich an die Coxa in der Nähe des Saugrüssels. Ob es sich um Partizipation bei der Nahrungsaufnahme der Blattläuse oder weitergehenden Parasitismus handelt, wurde nicht ermittelt, da es sich hier um eine Einzelbeobachtung handelte.

Abbildung 55: Trombidium, Oberseite

An Eichenblättern saugende Blattlauspopulationen (*Phylloxera*) wurden zusammen mit einer Spinnmilbenart gefunden. Die Population wurde nicht längere

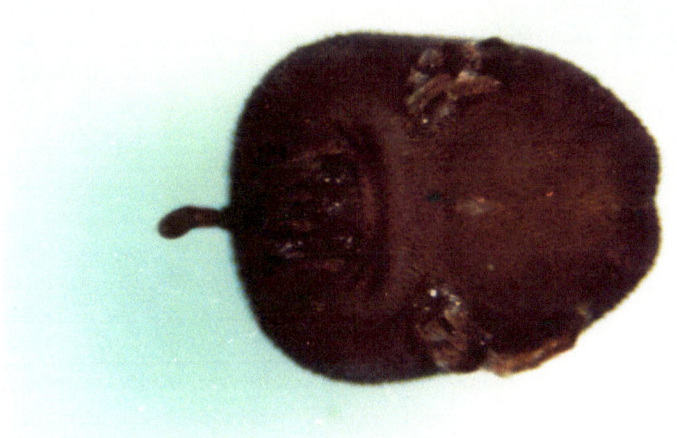

Abbildung 56: Trombidium, Unterseite mit eingezogenen Beinen

Zeit beobachtet, sondern Proben von unterschiedlichen Stellen genommen. Die folgende Beschreibung basiert auf der daraus abgeleiteten Besiedlungsfolge.

Die Blätter weisen oberseits zunächst gelbe Flecken auf, die relativ unbeweglichen Blattläuse sitzen auf der Blattunterseite und umgeben sich mit Eiern/Larven (*Abbildung 47, Seite 32*). Die etwas später auftretende Spinnmilbe bedeckt die Blattunterseite zwischen den Blattnerven mit einem klebrigen Fadengewebe. Bei zunehmender Milbenpopulation nimmt die Blattlauspopulation im Laufe der Zeit langsam ab. Die Milben nutzen die meist zuckrigen Ausscheidungen der Blattläuse zu ihrer eigenen Ernährung und halten andere Kostgänger der Blattläuse durch ihre Spinngewebe ab bzw. behindern diese. Mit zunehmender Populationsdichte und damit auch Gespinstdichte wird jedoch auch die Blattlauspopulation selbst dezimiert, weil deren Nachkommen den Fäden ebenfalls nicht mehr entkommen können. Die Milben wirken somit längerfristig als Schädlinge in Bezug auf die Blattläuse.

Daneben sind nach einiger Zeit auch Gallmilben zu beobachten, die jedoch keine Gallen bilden, sondern sich ebenfalls vom Tisch der Blattläuse ernähren (*Abbildung 46, Seite 31*). Aufgrund der Größenunterschiede zwischen den drei Individuengruppen kommt es zu keinen Konkurrenzkämpfen, da die jeweils kleineren sich bequem zwischen den größeren bewegen können.

Noch später können sich kleine Spinnen ansiedeln und als Jäger zumindest die körperlich größeren Individuen der anderen Populationen stark dezimieren. Hierbei handelt es sich um Jugendstadien verschiedener Spinnenarten, die noch auf kleine Beutetiere angewiesen sind und diese offenbar auch außerhalb eines eigenen Netzes jagen (*Abbildung 48; nach dem Habitus handelt es sich um netzspinnende Arten*). Wie die Aufnahme zeigt, bewegen sich die Spinnen in einem Zwischenraum zwischen Blattoberfläche und Spinngewebe, wobei Teile dieses Gewebes von der Spinne, andere Teile von den Spinnmilben stammen.

HUMMELPARASITEN

Über Hummelparasiten haben wir bereits eingangs berichtet. Die beschriebene Art ist speziell im 1. Beinpaar sehr langbeinig (*Fam. Laelaptidae*). Die erwachsenen Hummeln werden bei starkem Befall, bei dem sich die Milben in großer Zahl in der Falte zwischen Kopf- und Brustpanzer an siedeln, geschwächt, möglicherweise sogar bis zum Tod (*Abbildung 50, Seite 33*). Hier sind auch größere Anzahlen von Milbenlarven zu finden, ein Hinweis, dass es sich nicht nur um Brutparasitismus handelt, sondern die Milben auch systematisch die erwachsenen Hummeln befallen. Abbildung 51 zeigt die sehr stark ausgebildeten Gnathosoma, die möglicherweise die weichen Häute zwischen den Panzerringen durchdringen können.

Die Verbreitung und Infektion erfolgt über Blütenbesuche. Bei Kriechen in den teilweise engen Blütenkanälen werden durch die Staubgefäße einige Milben abgestreift und verbleiben in der Blüte. Da die Blüten meist mehrfach hintereinander von mehreren Insekten aufgesucht werden (*dass die Nektarvorräte bereits geplündert sind, kann erst durch ein Kriechen in die Blüte festgestellt werden*), ist ein Aufspringen auf die nächste Hummel möglich, die dann die Milben in ihr Nest trägt (*bei offenen Blüten spielen sich vermutlich ähnliche Vorgänge ab, indem Milben bei der Pollenernte in der Blüte bleiben*).

3.5. WASSERMILBEN

Auch der aquatische Lebensraum wird von Milben besiedelt. Die hier vorgestellte, aber nicht näher bestimmte Art besitzt nur drei Beinpaare und eine starke Rücken- und Bauchpanzerung (*Abbildung 52, Abbildung 53; auch hierbei handelt es sich um eine Einzelbeobachtung*). Zwischen dem I. und II. Beinpaar weist der Panzer eine Lücke auf, so dass von eine Rückentwicklung des ursprünglichen I. Beinpaares ausgegangen werden kann und die vorhandenen Beinpaare das II.-IV. sind.

Die Beine sind sehr beweglich, wobei die Coxa teilweise unter den Panzer geschoben, die Beine somit erst ab dem 1. Beinglied sichtbar sind. Die Tarsen tragen 3 Klauen. Die Cheliceren sind sehr lang und ragen vollständig über den Panzerrand hinaus, die Palpen sind viergliedrig (*Abbildung 54*). Trotz der Größe wirken die Cheliceren nicht sonderlich kräftig. Die Tiere ernähren sich von abgestorbenen Pflanzen- und Algenteilen und sind nicht als Räuber einzustufen (*das gilt natürlich nur für die hier vorgestellte Art; andere sind durchaus als Parasiten usw. bekannt*). Auf der Rückenseite des Panzers befinden sich in der Nähe des Kopfbereiches zwei rote Flecken, bei denen es sich vermutlich um Augenflecken handelt, die aber nur eine hell/dunkel-Unterscheidung erlauben (*Orientierung im Wasser, das keine Schwereorientierung erlaubt*).

3.6. TROMBIDIDAE, TROMBIDUIM HOLOSERICUM

In Gartenerde kann man des öfteren relativ große (*ca. 3 mm*), plumpe und intensiv rot gefärbte Milbe beobachten (*Abbildung 55, Abbildung 56*). Die Beinpaare I/II und III/IV sind sehr weit voneinander entfernt und können fast komplett eingezogen werden, so dass von der Milbe wenig mehr als eine rote behaarte Linse übrig bleibt. Die Milben sind außerordentlich zäh und widerstandsfähig. Während andere Milbenarten an mechanischen Einwirkungen schnell verenden, nehmen diese selbst härtere Stöße ohne große Beschädigung hin.

Die Tarsen besitzen 2 Krallen, aber keinerlei Polster. Die Haare sind oberseits keulenförmig, unterseits gefiedert. Die Cheliceren sind relativ klein, die Palpen spalten am Ende in eine Keule und eine Röhre auf. Augenflecken sind am Vorderrand vorhanden, aber sehr klein und zum Sehen nicht geeignet. Sie sind aufgrund der Färnung teilweise schwer zu entdecken.

4. BEINE UND MUSKULATUR

4.1. BEIN- UND MUSKELAPPARAT

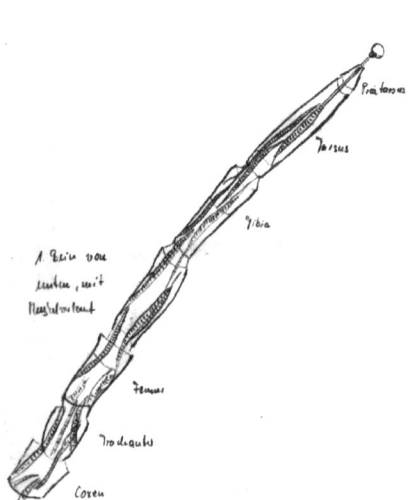

Abbildung 57: schematischer Bau eines Beines mit Muskelverlauf

Für die folgenden Untersuchungen wurde hauptsächlich eine Milbe der Fam. Laelaptidae verwendet. Hierbei handelt es sich um schnelle Räuber mit relative langen Beinen, die sich gut untersuchen lassen. Die Ergebnisse lassen sich aber problemlos auf andere Arten übertragen.

Als Untersuchungsobjekte für den generellen Aufbau des Muskelapparats eignen sich am Besten Totalpräparate, die über eine Alkohol- und Aromatenreihe in Harz eingeschlossen und dabei weitgehend transparent werden (*siehe Kapitel 2*). Die

Abbildung 58: sternförmiger Verlauf der Muskelgruppen zu den einzelnen Beinen. Aufnahme im polarisierten Licht

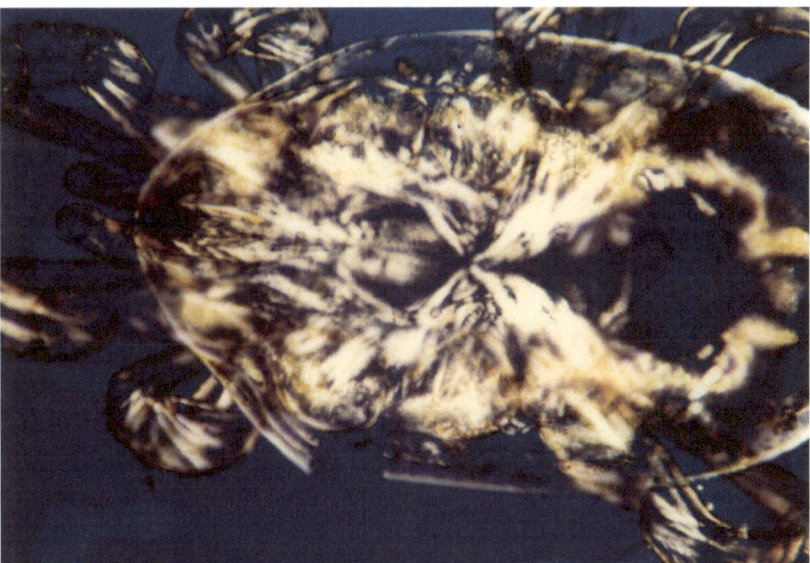

Abbildung 59: zentrale Muskelaufhängung

Abbildung 60: seitliche Ansicht der Bewegungsmuskeln

Muskeln lassen sind in der Regel bereits im Durchlicht problemlos erkennen, noch besser kommen die Muskelgruppen und deren Verlauf aber im polarisierten Licht zum Vorschein (*Abbildung 58, Abbildung 58, Abbildung 59*). An Dünnschnitten kann der Muskelfaserverlauf besonders in den Beinen sowie die Verknüpfung mit Nerven studiert werden (*Abbildung 61*)-

Beginnen wir die Untersuchung mit den Beinen. ese gliedern sich in die 6-7 Abschnitte Coxa (*Hüf-, Trochanter, Femur, Tibia (vergleichbar: Unter-enkel), Tarsus (Fußglied) und Prätarsus (Abbil-ng 57, die Abschnittanzahl kann durch Teilauf-*

Abbildung 61: Muskelgruppen in den Coxa

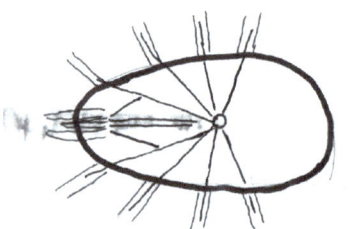

Abbildung 62: Museklzentrale schematisch

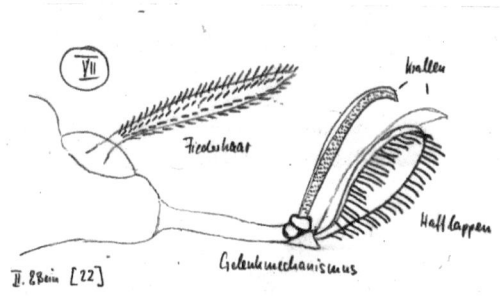

Abbildung 63: Krallen und Haftlappen

spaltung im Trochanter/Femur-
bereich oder fehlende Fußglieder variieren). Die Gelenke sind
so gestaltet, dass lediglich die
Abschnitte Coxa-Trochanter
seitliche Bewegungen erlauben,
während die restlichen Glieder
nur Auf- und Abbewegungen zu-
lassen.

Der für die Beinbewegun-
gen zuständige Muskelapparat beginnt etwa zentral zwischen den Beinen in der
Nähe der Rückenplatte (*Abbildung 58, Abbildung 59, Abbildung 60*), wie an Aufnahmen im polarisierten Licht am Besten zu erkennen ist. Kräftige Muskelstränge
ziehen vorn dort sternförmig zu den
Coxa und setzen sich dort bis in Fußglieder fort. Die Muskeln sind natür-

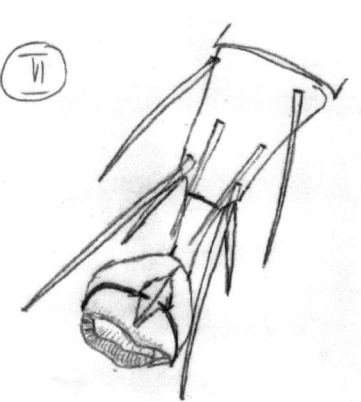

Abbildung 64: Muskelstränge und Verlauf in
den unteren Beingliedern

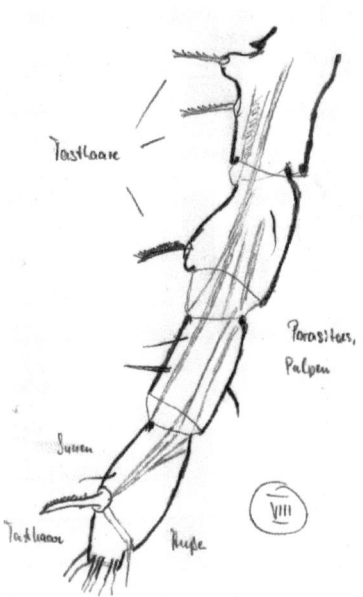

Abbildung 66: 1. Beinpaar mit Tastor-
ganen

Abbildung 65: Fuß mit Saug-
scheibe

lich nicht durchgehende Stränge, sondern reichen nur an oder bis in das nächste Beinsegment, wo sie an der Wand oder in Sehnen, die in der Nähe des nächsten Gelenks verankert sind, enden. Die Muskeln für die Rückziehbewegung der Cheliceren setzen ebenfalls hier an, obwohl die Cheliceren selbst einen anderen inneren Muskelaufbau als die Beine besitzen. Die zentrale Zusammenführung der Mulskelgruppen betrifft damit den Kopf-, Brust- und Hinterkörperbereich und hebt die funktionsmäßige Eigenstellung der unterschiedlichen Körpersegmente auf. Kontrahieren diese Muskeln, wird der Körper vom Boden abgehoben, wobei gleichzeitig ein bestimmter Winkel zum Körper eingestellt wird. Schwächere Muskelgruppen verändern diesen Winkel bei Entlastung, wodurch ein Vortrieb des Körpers erreicht wird (*Gehbewegung*).

Ein komplexeres Geflecht unterschiedlicher Muskelgruppen liegt lediglich im oberen Bereich der Coxa vor, wo Auf- und Abwärtsbewegung sowie Seitwärtsverschiebung aufeinander treffen. Im Querschnitt durch diesen Bereich findet man sich deutlich in der Orientierung unterscheidende Muskelgruppen (*Abbildung 61*). Jede Gruppe besteht aus mehreren Faserbündeln, die durch eine Bindegewebsschicht gegen die anderen isoliert sind.

Weiter unten in den Beinen vereinfacht sich die Muskelgruppierung. Im Bereich der Gelenke finden sich meist nur noch außen liegende, schwächere Streckergruppen und innen liegende stärkere Beuger (*Abbildung 64*). Die Muskelfasern reichen dabei von Ende eines Beinabschnitts bis zum Ende des nächsten oder übernächsten Beinabschnitts.

An den Ansatzstellen der Muskeln oder der Sehnen weist das Exoskelett Verstärkungen auf, die teilweise ringförmig das Bein umgeben. Bei sich schnell bewegender Arten sind die Muskeln deutlich quergestreift, bei trägen, sich wenig bewegenden, aber vermutlich sich längere Zeit an eine Position klammernde Arten besitzt die Muskulatur eine leichte Längsstreifung, während Querstreifen lediglich in polarisiertem Licht, und auch dann nur schwach, zu beobachten sind.

4.2.   FUSSGLIEDER UND TASTAPPARATE

Die Muskelstränge reichen nicht bis in die Fußglieder, sondern enden einige Glieder vorher. In die Tarsen selbst reichen von den letzten Muskelfasern ausgehende lange Sehnenstränge, mit denen die Bewegung der Fußglieder und der Krallen realisiert wird (*Abbildung 66*). Dies dürfte zu einem großen Teil auf die in den End-

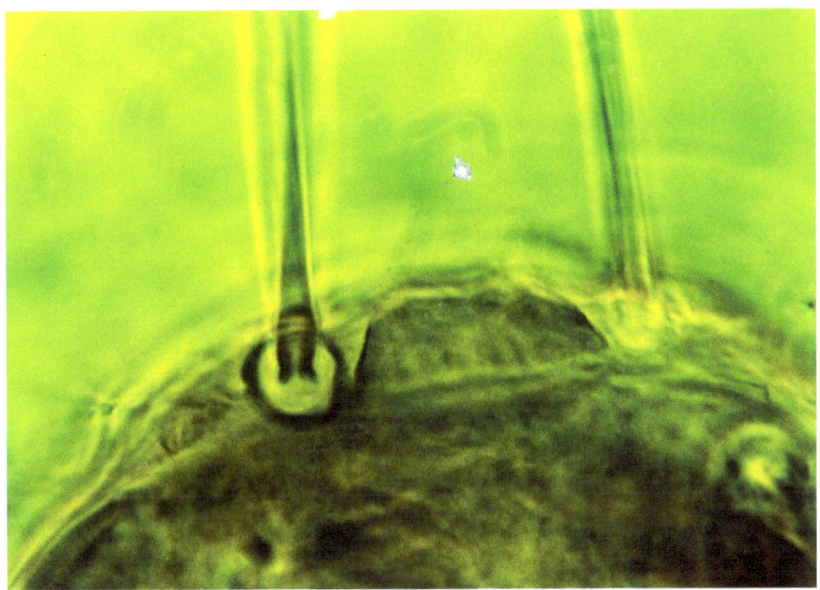

Abbildung 67: Tasthaar am Vorderende des Körpers

gliedern nicht mehr ausreichend zu gewährleistende Versorgung der Muskeln mit den Nährstoffen und Sauerstoff zu tun haben.

Der Fuß ist bei den unterschiedlichen Gruppen recht variabel gestaltet (*Abbildung 63, Abbildung 65, Abbildung 66*). Die Beinpaare II-IV besitzen meist 1-3 Krallen mit einem oft hakenförmigem Ende, die teils parallel, teils gegeneinander arbeiten, je nach Umgebung, an der sich das Tier festklammern muss. Zusätzlich können die Tarsen Haftpolster (*Hafthaare*) oder saugnapfartige Lappen tragen, wenn glatte Flächen bewohnt werden.

Im in Abbildung 63 dargestellten Beispiel eines sehr aufwändig gestalteten Fußes ist der Haftlappen unabhängig von den Krallen bewegbar. Die Krallen besitzen innen eine Kerbung, der Haftlappen ist von einem Krank feiner Haare gekrönt. Krallen und Haftlappen sitzen am Ende eines feinen Stiels, durch den die Sehnen verlaufen.

Oberhalb der Krallen besitzen die Tiere in der Regel Tasthaare oder Tastborsten, die ebenfalls recht kompliziert gebaut sein können. Neben einfachen Haaren ist im Beispiel eine keulenförmige gefiederte Borste dargestellt, die auf einem Sensorfeld mit stark verdünnter Kutikula sitzt. Im nächsten Kapitel werden noch komplexere Formen vorgestellt.

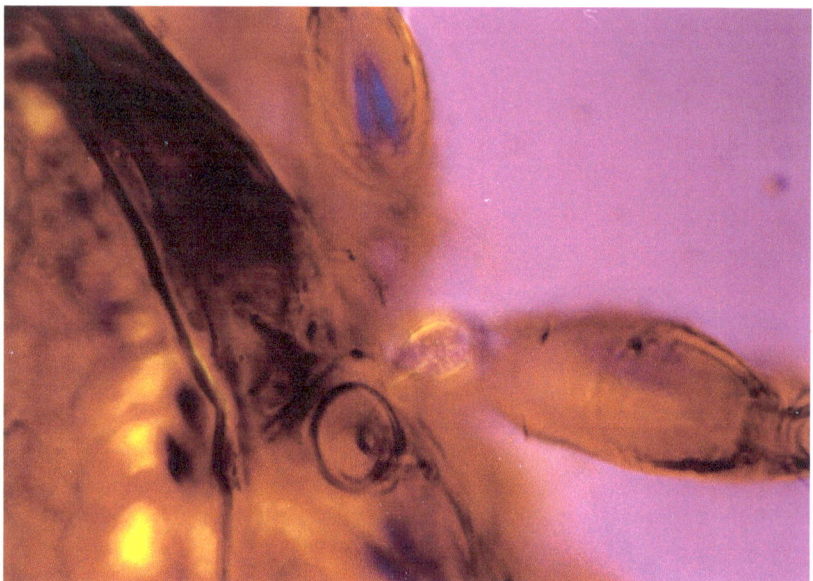

Abbildung 68: Keulentrichobothrium mit komplizierter Aufhängung in einem gewundenen Gang

Das erste Beinpaar besitzt bei vielen Milbenarten mehr eine Tast- als eine Fortbewegungsfunktionen und ist häufig auch relativ lang. Mit ihm wird mangels Augen die nähere Umgebung nach Nahrung und ggf. Feinden abgetastet. Es besitzt daher oft keine Krallen, dafür aber im Gegenzug eine größere Ausstattung unterschiedlicher Tasthaare. Noch reicher ausgestattet sind die Palpen (*die längeren Kiefertaster*), die entwicklungsgeschichtlich ebenfalls aus Beinen hervorgegangen sind und Nahrungsteile von Unbrauchbarem trennen müssen. Hier sind oft Fiederborsten über Sehnen an das Bewegungssystem angeschlossen, wodurch sie aktiv bewegt werden können.

5. SINNESORGANE

Ein Großteil der Sinnesorgane von Milben sind Tastsinnesorgane, von denen einige bereits in den vorhergehenden Kapiteln angesprochen wurden. Tasthaare und Tastborsten befinden sich aber nicht nur an den Beinen oder im Mundbereich, sondern strategisch über den ganzen Körper verteilt.

Abbildung 69: Haatrichobothrium

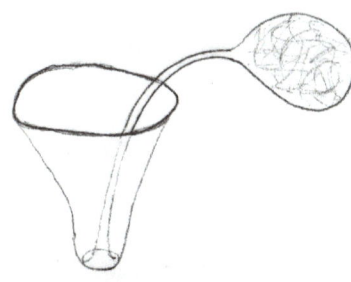

Abbildung 70: Haartrichobothrium, Aufhängung

5.1. TRICHOBOTHRIEN

Eine besondere Form der Haarorgane sind die Trichobothrien, die sich auf dem Vorderkörper (*nicht auf den Beinen!*) befinden und auf Luftströmungen oder Erschütterungen reagieren. Die Borsten der Trichobothrien sind entweder sehr lang und haarförmig (*Abbildung 69, Abbildung 72*) oder pau-

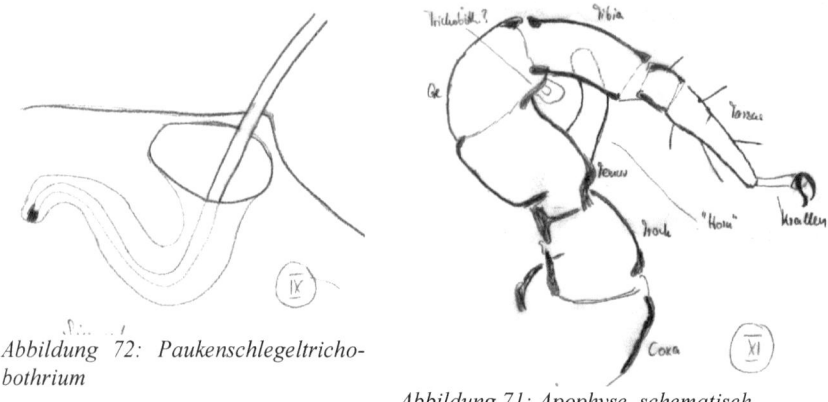

Abbildung 72: Paukenschlegeltricho-
bothrium

Abbildung 71: Apophyse, schematisch

kenschlegelähnlich geformt (*Abbildung 68, Abbildung 70*) und sitzen in komplizier-
ten Vertiefungen oder Taschen.

Das in Abbildung 72 dargestellte Haartrichobothrium sitzt in einem Saxophon-
ähnlich gewundenen Kanal, in dem es frei schwingen kann. Durch die Form wird ein
Richtungsempfinden für Schwingungen bewirkt, da Schwingungen in der Kanalebe-
ne verstärkt, senkrecht dazu jedoch gedämpft werden (*mechanische Begrenzung der
Hebelwirkung*). Durch das lange Haar wird eine hohe Empfindlichkeit erreicht,
durch die mechanische Begrenzung in der Auslenkung ein Schutz der Nervernsenso-
ren und der Aufhängung bei sehr starken Signalen. Bei zu großer Einwirkung wird
die Auslenkung nicht komplett auf die Sinneszellen übertragen, was zu deren Zerstö-
rung führen kann, sondern durch ein Verbiegen des Haares außerhalb des Kanal abgeleitet. Haartrichobothrien dieser Konstruktionsart dürften hauptsächlich auf Luftströmungen reagieren.

Oft einfacher gebaut sind Paukenschlegeltrichobothrien (*Abbildung 70*), die
aufgrund der Aufhängung der Borste am Grunde einer trichterförmigen Vertiefung
ebenfalls eine mechanische Begrenzung aufweisen, deren Richtungsempfindlichkeit
jedoch deutlich geringer entwickelt ist. Durch die Form besitzen die Borsten eine
hohe Trägheit, d.h. es werden weniger Luftströmungen als vielmehr Bodenschwin-
gungen erfasst.

Im beschreibenden Teil wurden Hornmilben mit flügelähnlichen Gebilden auf
dem Rücken des Vorderkörperpanzers beschrieben (*Abbildung 43 auf Seite 30*).
Hierbei handelt es sich nicht um typische Trichobothrien, da zwar die Lage der Organe mit denen der Trichobothrien koinzidiert, aber die anderen mechanischen Cha-
rakteristika fehlen. Vermutlich sind sie trotzdem als Trichobothrien anzusprechen

Abbildung 73: Apophyse

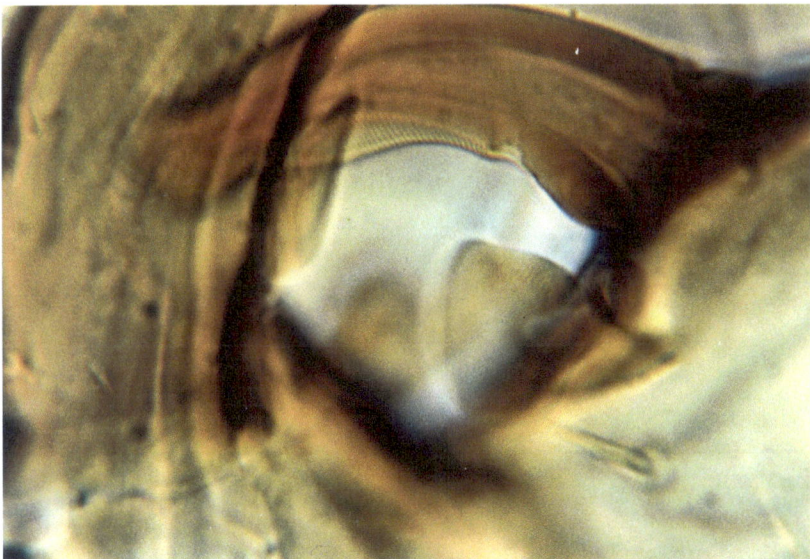

Abbildung 74: Oberflächenstruktur der Innenseiten

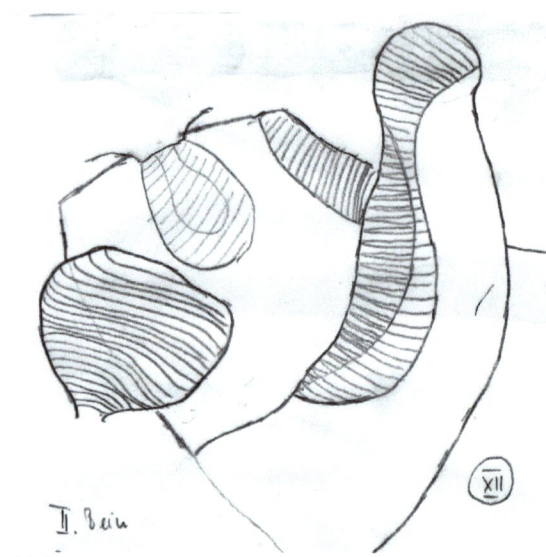

Abbildung 75: Innenseiten

Abbildung 76: Rote Laufmilbe, überwiegend auf Steinen oder Holz anzutreffen. An der Vorderseite "Augen" als rote Punkte

Abbildung 77: Milbe aus Flechtenrasen mit sichtbaren Augenflecken.

bzw. sind sie aus diesen hevor gegangen und besitzen ähnliche Funktionen, aller-dings mit geringerer Empfindlichkeit.

5.2. APOPHYSEN

An den Vorderbeinen einiger Arten finden sich bei den Männchen kompliziert gebaute Organe, die als „Apophysen" bezeichnet werden. Als geschlechtsspezifische Organe spielen sie eine Rolle bei Fortpflanzungsvorgängen und ähneln damit den Pedipalpen Männchen der großen Verwandten – der Spinnen – die nach dem Schlüs-sel-Schloss-Prinzip die Begattung nur mit den ebenfalls sehr komplex gebauten Ge-schlechtsorganen der eigenen Art ermöglichen. Allerdings bleibt es bei dieser Ähn-lichkeit, da die Milben nicht die komplizierte Übertragungsweise der Spermien nut-zen. Die Apophysen sind mehr als spezifische Verankerungsorgane zu betrachten denn als Begattungsorgane.

Im hier in den Fotografien der Abbildung 71 sowie 73, 74 und 75 gezeigten Beispiel besitzt das dritte Beinglied (*Femur*) charakteristisch geformte Haken und Lappen, das meist stark gekrümmte vierte Glied ebenfalls. Alle Oberflächen bestehen aus
relativ dünner Kutikula und weisen eine Riffelung auf, was neben Haftgründen auch
auf Sinnesfelder zurückzuführen sein kann. Weitere Beobachtungen, die die genaue
Funktion offenbaren könnten, wurden nicht durchgeführt.

5.3. LICHTSINNESORGANE

Bodenbewohnende oder in Tieren oder Pflanzen parasitierende oder dort woh-
nende Milben besitzen meist keine Augen, sind aber gleichwohl in der Lage, Hellig-
keitsunterschiede wahrzunehmen. Ausnahmen sind oberflächenbewohnende Milben, die zumindest sichtbare Augenvorstufen davon besitzen (*Abbildung 79, Seite
54, Abbildung 77, Seite 49*).

Auch diese „Augen" sind aber nicht als reguläre Augen zu interpretieren, sondern als lichtempfindliche Flecke, die durch die Färbung von ihrer Umgebung ange-
hoben sind. Sehen im eigentlichen Sinn ist damit nicht möglich. Vermutlich reduzie-
ren sich diese Flecke bei anderen Milben in dunkleren Habitaten auf wenige lichtempfindliche Zellen, wodurch die Lichtempfindlichkeit erklärt wird.

6. GESCHLECHTSORGANE

6.1. GESCHLECHTSORGANE

Milben sind bisexuell mit meist unterschiedlich großen Geschlechtsformen
(*siehe Einführung und Kapitel 7*). Begattungsorgane sind bei Hornmilben gut zu beobachten. Diese weisen in beiden Geschlechtern an ihrem stark entwickelten Panzer
zwei Klappenmechanismen im Bauchbereich und am Körperende auf. Durch die hin-
tere wird Kot abgeführt, an der vorderen wurde bei einigen mit Kalilauge behandel-
ten Exemplaren im Inneren eine penisartige Versteifung gefunden werden, die durch
die Klappe ausgefahren werden kann. Durch die Kalilauge wird das Gewebe der Tier

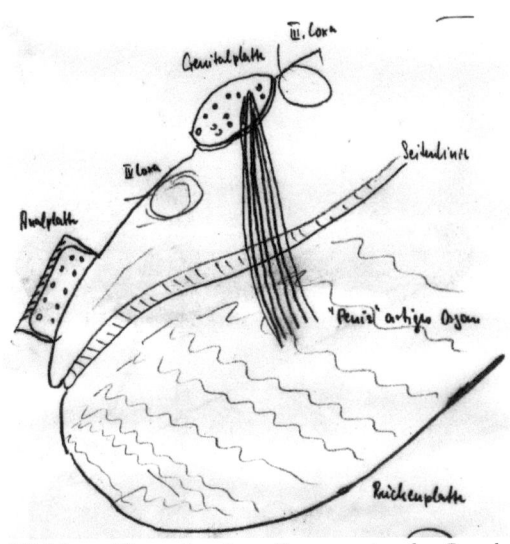

Abbildung 78: penisartiges Organ unter der Bauch-
klappe einer Hornmilbe

vollständig aufgelöst, so dass das gefundene Organ der chitinisierte Rest eines Penisorgans des Männchens ist. Weibchen besitzen solche Organe nicht.

Die Existenz solcher offenbar direkt für die Kopulation benutzbarer Organe belegt, dass die oben diskutierten Apophysen zwar prinzipiell den Pedipalpen der Spinnen ähneln, aber nicht deren Aufgabe bei der Begattung übernehmen.

In Querschnitten durch Tiere der Familie Tyroglyphidae wurden das Penisorgan ebenfalls gefunden. Außerdem finden sich in den Schnittpräparaten kleine Taschen mit fädigem Inhalt, der auf einen Samenbehälter hinweist. Samen scheinen aber jeweils nur in geringer Menge gebildet zu werden.

Bei einer Reihe von Individuen weichhäutiger Arten findet man bei einer Totalpräparation ein an den I. oder II. Coxa beginnendes paariges, darmartig gewundenes Organ, das im Afterbereich endet (*Abbildung 79*). Es erscheint bei der Präparation, bei der das Tier durch eine aufsteigende Alkoholreihe entwässert und über ein Xylol entspritet wird, erst bei der Einbettung in Harz in Form einer Eintrübung. Bis zu diesem Zeitpunkt ist das Tier in der Regel noch völlig transparent. Die Eintrübung ist irreversibel, kann also auch nicht durch Rückführung in Xylol entfernt werden. Bei starker Vergrößerung in polarisiertem Licht zeigen sich einzelne, stärkeähnlich aussehende Kügelchen (*dunkler Stern im polarisierten Licht*). Die Größe des Organs macht einen Zusammenhang mit den Keimdrüsen wahrscheinlich, jedoch handelt es sich hierbei nur um eine Vermutung, da eine genauere Klärung nicht möglich war (*Vergleiche mit Schnittpräparaten konnten nicht durchgeführt werden*).

Die Eizellen sind bei den Milben der Gruppe Saproglyphidae relativ groß (*Abbildung 81, Seite 56*). Im Körper sind nur wenige Eier zu finden, die weitgehend mit Dottermasse gefüllt sind. Dadurch können recht weit entwickelte Eier gelegt werden, aus denen bald Larven schlüpfen. Der Lebensraum erlaubt eine kontinuierliche Ent-

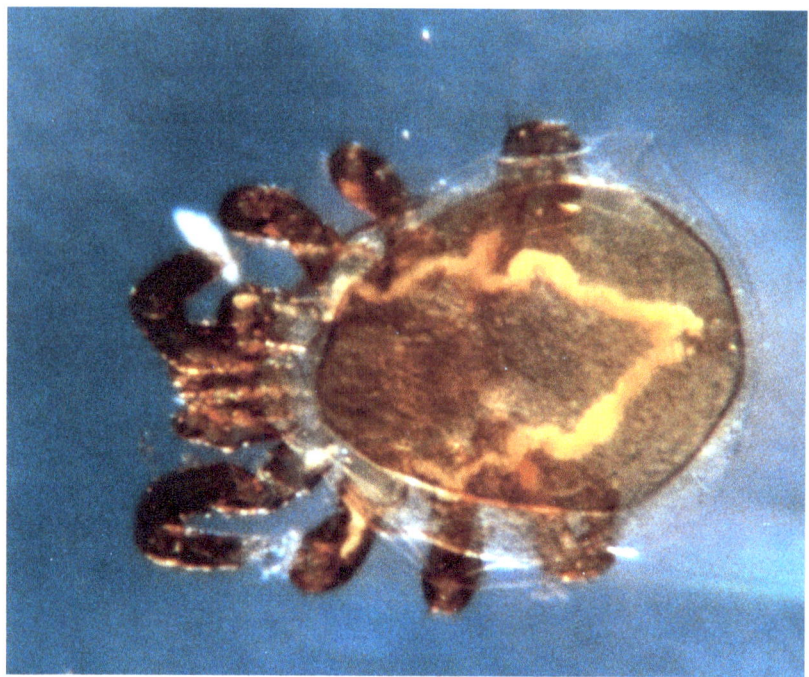

Abbildung 79: Geschlechtsorgane (?) nach Harzeinschluss

wicklung, so dass eine kurze Zeit bis zum Schlüpfen relative großer und weniger Eier einen Vorteil gegenüber vielen kleinen Eiern, die schnell Beute anderer Bewohner des Habitats werden können, besitzt.

Die Larvenentwicklung zum adulten Tier ist mit 3-4 Häutungsvorgängen meist schnell abgeschlossen. Die Larven unterscheiden sich außer durch die Größe kaum von den erwachsenen Tieren. Bei Arten mit stärkerem Geschlechtsdimophismus, also relativ kleinen Männchen, kann es deshalb zu Verwechslungen zwischen Larven und adulten Männchen kommen. Bei einigen Arten kann die Anzahl der Beinpaare bei den Larven aber erniedrigt sein.

Abbildung 80: Begattung bei Saproglyphiden. Das Paar ist auf den Rücken gedreht. Das Penisorgan des Männchens ist in den Hinterleib des Weibchens eingeführt

6.2. BEGATTUNGSAKT

Die Fortpflanzung erfolgt vielfach partogenetisch, d.h. die Tiere entwickeln Eier und legen diese ab, ohne dass eine Befruchtung beobachtet werden konnte. Trotzdem sind Milben getrenntgeschlechtlich. Die oft kleineren Männchen reiten den Weibchen auf, wobei sie ihre Bauchseite gegen das Hinterleibsende des Weibchens drücken. Das Penisorgan wird in den Hinterleib eingeführt und führt zu einer oft recht „haltbaren" Verbindung zwischen den Partner, die sogar Nahrung dabei aufnehmen. Durch die lange Begattung soll vermutlich Mehrfachbegattung verhindert werden. Bei der oben abgebildeten Art hinterlässt das Männchen noch Kothaufen, um Mitbewerber abzuschrecken.

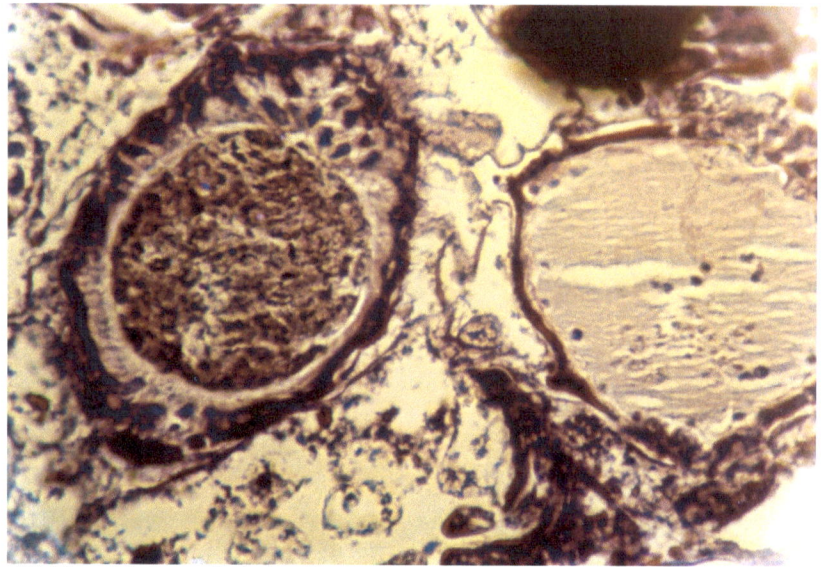

Abbildung 81: Saproglyphiden, Eientwicklungsstadien

7.   KOPF- UND MUNDBEREICH

7.1.   CHELICEREN

Der Kopf ist als eigener Körperteil (*Cephalotorax*) vom restlichen Körper abge-
setzt. Für die ganze Gruppe namensgebend und bei vielen Milben auch sofort auffallend sind die Kieferscheren oder Cheliceren, die am Ende einer umgebildeten Extremität sitzen. Das die Schere tragende umgebildete Bein ist vor- und zurückbewegbar,
wobei es in den Körper eingezogen oder ausgestreckt wird. Die dazu notwendige Be-
wegungsmuskulatur reicht vom Ende des Chelicerengliedes bis zum zentralen Auf-
hängepunkt aller Beinbewegungsmuskeln. Die Scheren selbst werden durch separate
starke Muskelgruppen in den Extremitäten bewegt.

Die Cheliceren arbeiten beim Fressen oft gegeneinander, d.h. wenn eine Schere
dem Mundbereich Nahrung zuführt, wird die andere ausgestreckt. Die beiden Muskelgruppen im Körper und im Chelicerenträger sind nur zum Einziehen der Scherenglieder und zum Schließen der Scheren ausgelegt. Muskelgruppen für das Ausfah-

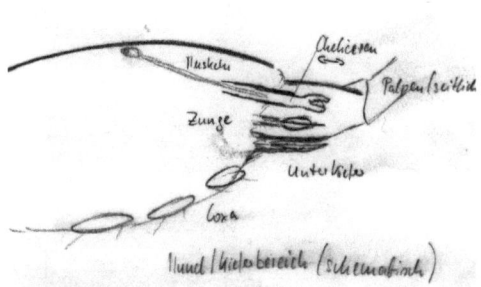

Abbildung 82: Mundteile und Museklverbindungen, schematisch

ren der Scherenglieder oder das Öffnen der Scheren sind nicht vorhanden. Die Ausfahrbewegung wird durch den Körperinnedruck realisiert: die beim Zurückziehen einer Chelicere zurückwandernde Körperflüssigkeit presst die andere Chelicere nach außen und bewirkt die Streckung hydraulisch. Ein entsprechender Mechanismus ist wohl auch für das Öffnen der Scheren verantwortlich. Da für diese Bewegungsrichtungen nur wenig Bedarf an Kraft besteht, ist diese passive Bewegungsform ausreichend.

Die Form der Cheliceren variiert und reicht von starken Brechscheren bis hin zu pinzettenartigen Gebilden. Die für die Bewältigung der Aufgaben notwendigen Tastorgane sind in der Nähe der Cheliceren, teilweise sogar innerhalb der Schere angeordnet. Es kann sich hierbei um größere Lappen handeln, die im Umfeld der Scheren einen größeren Bereich wahrnehmen können, oder Tasthaare, teilweise mit Fiederborsten, die Positionen von Objekten sehr genau abtasten können.

Abbildung 83: Chelicerenbewegung, Muskeln setzen an einer Sehne an, die die untere Chelicerenhälfte über ein Widerlager bewegt

Von den Scherenbacken ist nur eine beweglich, die andere bildet ein festes Widerlager. Die Bewegung der Schere erfolgt über eine lange Sehne, an der mehrere über die gesamte Extremität verteilte, in Gruppen angeordnete V-förmige kurze Muskelfasern ansetzen (*Abbildung 83*). Der Bewegungsumfang ist dadurch relativ gering, jedoch wird hierdurch eine erhebliche Kraft ermöglicht. Der Chelicerenträger besteht nur aus einem Glied, das aufgrund der Muskelverteilung als Verwachsung ursprünglich mehrerer Glieder interpretiert werden kann. Am Hinterende ist der Chelicerenträger fast vollständig geschlossen, um die notwendige Stabilität für die Muskeln, die die Scheren bewegen, zu gewährleisten. Kleine Öffnungen erlauben den Druckausgleich und die Nahrungsversorgung.

Abbildung 84: Raubmilbe, Muskeln in den Cheliceren, vorgestreckter Zustand

7.2. MUND- UND LIPPENBEREICH

Unterhalb der Cheliceren beginnt der eigentliche Mundbereich mit einem Saugschlund. Die Lippenglieder besitzen feine Häärchen und münden in einen Siphon, der bis in einen im Körperinneren befindlichen Saugmagen reicht (*siehe Abbildungen auf den folgenden Seiten*). Der enge Schlund kann durch starke Muskelbänder auseinander gezogen werden und so die Nahrung einsaugen. Seitlich davon finden sich stilettartige Unterkieferteile.

Die Nahrung scheint somit weitgehend flüssig oder verflüssigt zu sein. Die harten Mundteile und Cheliceren können feste Nahrungsteilchen aber so weit zerkleinern, dass auch davon kleine Stücke aufgenommen werden können. Im fransigen

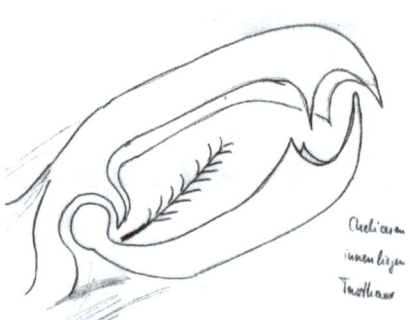

Abbildung 85: Chelicere mit innenliegendem befiederten Tasthaar

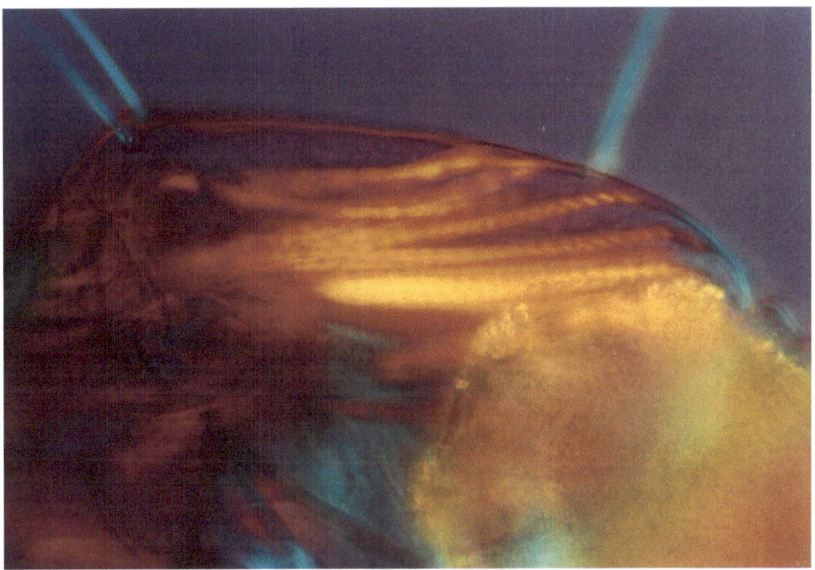

Abbildung 86: in die Cheliceren ziehende Muskeln im Vorderkörperbereich

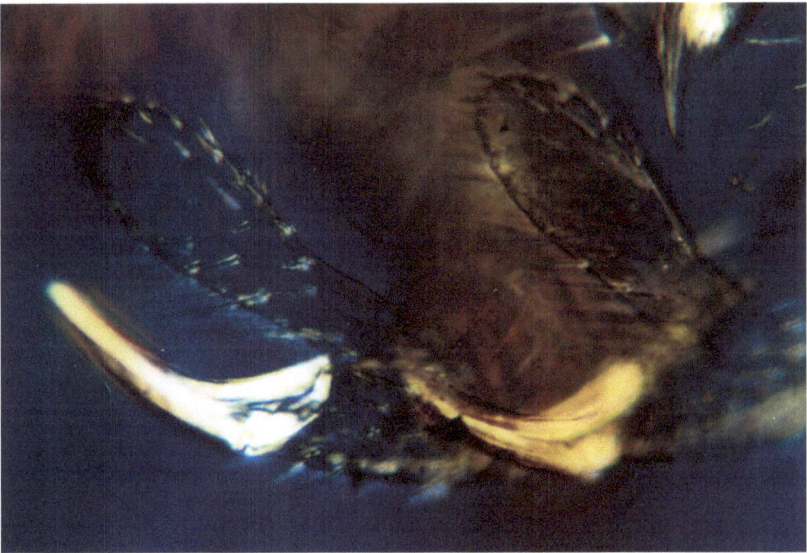

Abbildung 87: Pinzettenform mit großem Tastlappen

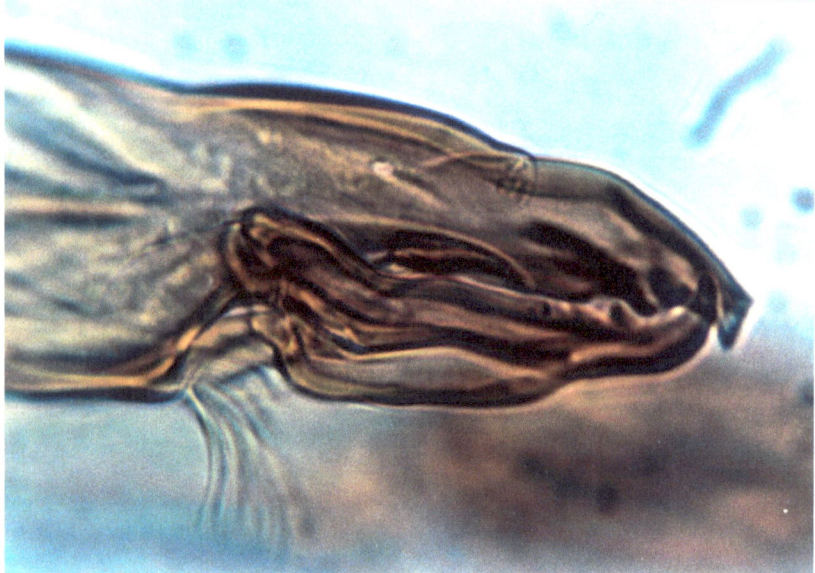

Abbildung 88: Cheliceren, kräftige Scherenform, zum Brechen oder Zerreißen geeignet, Raubmilbe

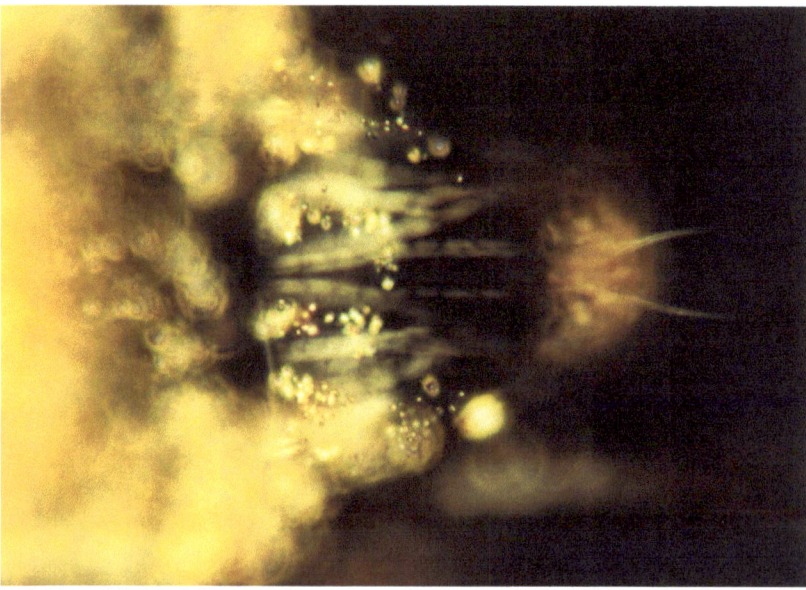

Abbildung 89: Muskulatur im Lippenbereich einer Saproglyphide

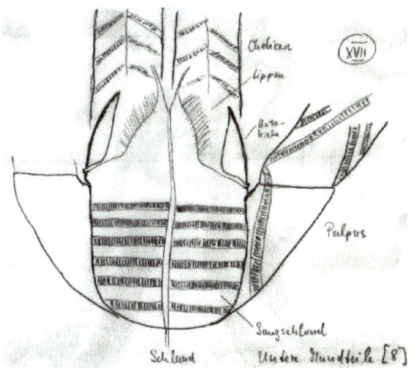

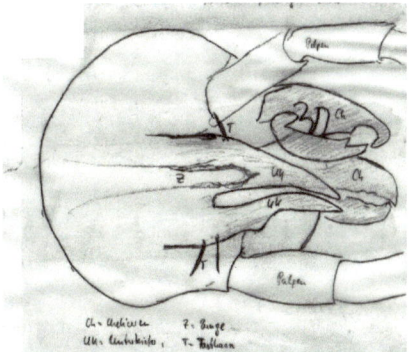

Abbildung 90: Saugschlund unter den Cheliceren. Durch Auseinanderziehen des Schlundes wird flüssige Nahrung oder Feststoffe in Flüssigkeit über die Lippen-öffnung eingesaugt

Abbildung 91: Mundbereich mit Cheliceren, Palpen und Unterkiefer

Sauglippenbereich sind Drüsen zu finden, die vermutlich Enzyme zum externen Auf-schluss der Nahrung liefern. Die Größe der Mundteile schwankt recht stark. Die be-schriebenen Untersuchungen wurden an großen Raubmilben gewonnen. Die kleine-ren, stark gepanzerten Hornmilben besitzen kleine und oft gut versteckte Mundteile, an denen nur wenige Details auszumachen sind.

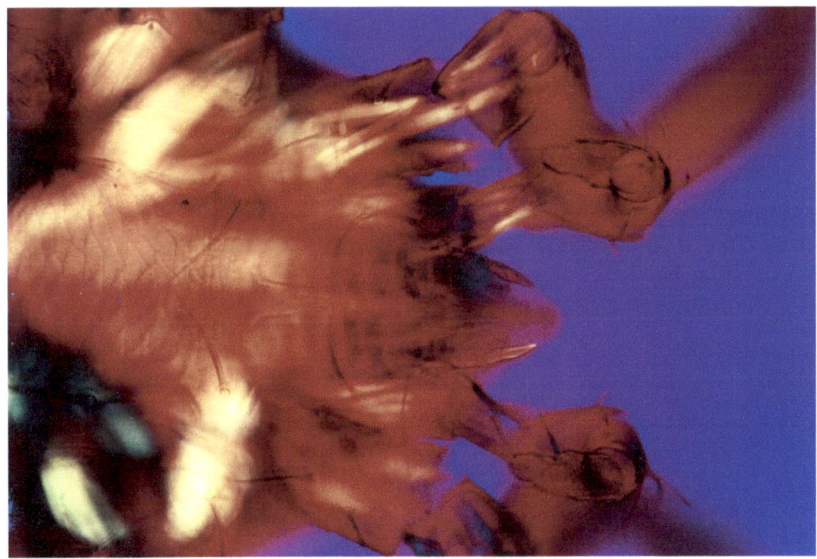

Abbildung 92: Mundbereich mit Sauglippen von unten

Abbildung 93: gleiche Abbildung wie vor, Schärfebene auf Cheliceren eingestellt

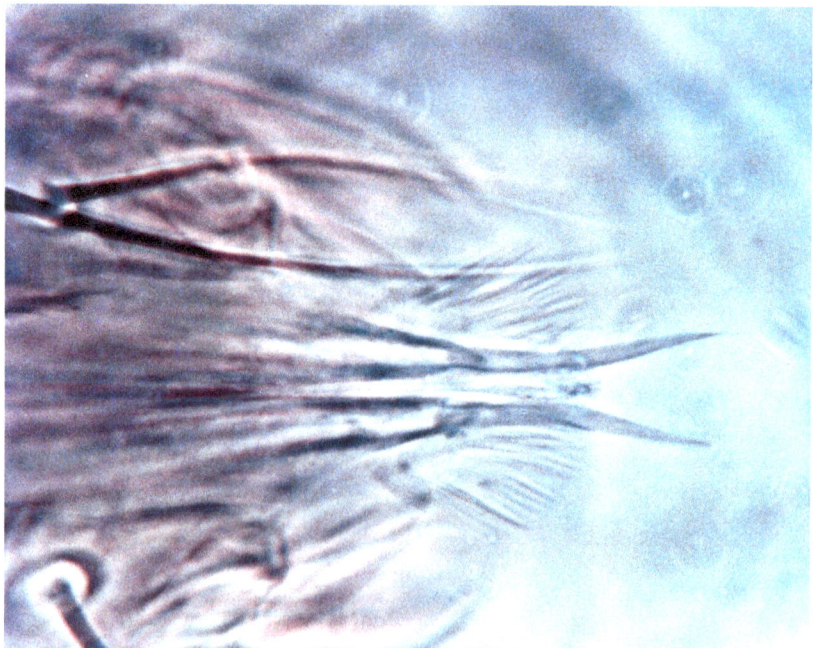

Abbildung 94: Lippenbereich bei starker Vergrößeren (ca. 1.000 fach)

8. INNERE ORGANE

8.1. TRACHEENSYSTEM UND SAUERSTOFFVERSORGUNG

Milben besitzen ein Tracheensystem zur Versorgung der inneren Organe mit Sauerstoff, wodurch sie sich von anderen Ordnungen der Klasse unterscheiden (*in manchen Fällen schwer zu beobachten; die verwandten Spinnen besitzen eine Lunge und ein Kreislaufsystem*). Bei kleinen Arten kann das Tracheensystem allerdings zurückgebildet sein.

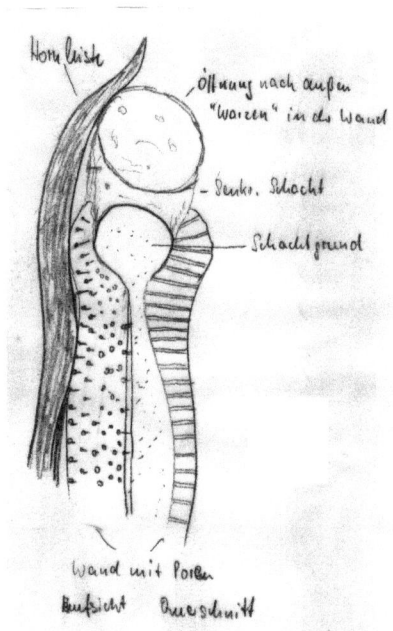

Abbildung 95: Haupttracheenkanal, Wand mit abführenden Luftkanälen

Die Lage der Tracheenöffnungen oder Stigmata unterscheidet sich in den einzelnen Milbengruppen und wird zur Taxonomie herangezogen. Bei den hier untersuchten Milben, die vorzugsweise der Gruppe *Mesostigmata* zuzuordnen sind, liegen die Tracheenöffnungen dorsal zwischen der II. und III. Coxa. Von hier führen große Tracheen bis zur Schläfenregion. Begleitet werden die Tracheen von starken Hornleisten, deren Funktion unklar ist.

Die Haupttrachee beginnt am Stigma mit einem senkrechten Schacht, dessen Wand zwar leicht warzig ist, aber keine Filter- oder Verschlußsysteme aufweist, wie das häufig bei Insektengruppen zu beobachten ist (*aufgrund der Kleinheit und der damit verbundenen Kapillarwirkungen sind spezielle Filtersysteme nicht notwendig*). Vom Schachtgrund zweigt die Haupttrachee nach einer flaschenhalsartigen Verengung ab. Sie wird von einer starken Kutikulaleiste flankiert. Die Tracheenwand ist dick und von zahlreichen dünnen Röhren durchzogen, die die Zugänge zum Mikrotracheensystem im Körperinneren sind.

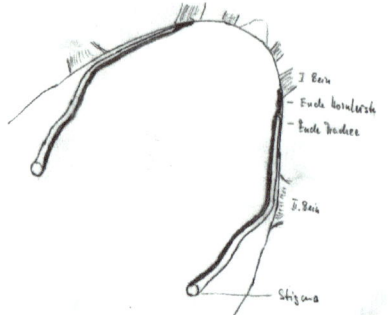

Das Gewebe des Körperinneren ist von feinen, mit einer unstrukturierten glatten Wand ausgestatteten Kanälen durchzogen. Vermutlich sind diese Kanäle elastisch und werden bei Bewegungen des Tieres nach dem Blasebalgprinzip mit frischer Luft versorgt.

Abbildung 96: Haupttracheenkanäle im Kopfbereich

8.2. AUFBAU DER KUTIKULA

Bei den Raubmilben besteht die Kutikula aus weicheren Regionen und kleineren gepanzerten Bereichen. Im Panzerbereich liegt ein plattenförmiger Panzer aus überlappenden verzahnten Schuppen auf einer Unterhautschicht. Im weicheren Oberflächenteil besteht die äußere Schicht aus senkrechten Säulen, die offenbar in gewissen Grenzen gegeneinander verschiebbar sind. Die dünne Außenhaut scheint

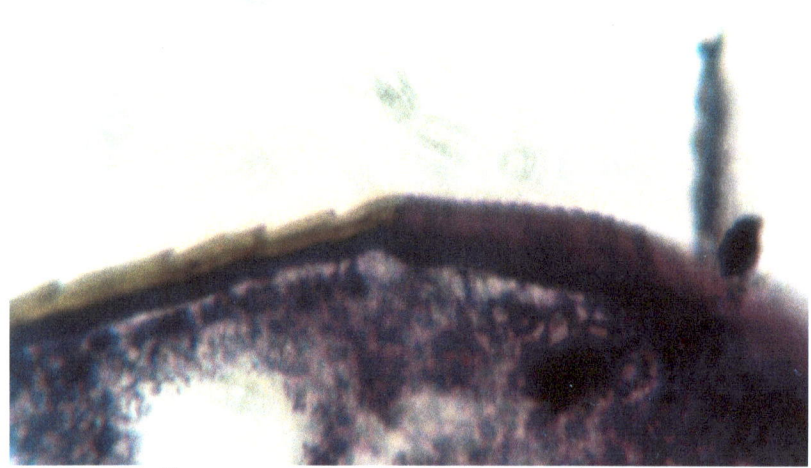

Abbildung 97: Plattenpanzer und weichere Kutikulaschichten, Rückenbereich einer Raubmilbe

zumindest bei einigen Arten von einer sehr dünnen Epithelschicht bedeckt zu sein, die aber erst bei stärkerer Vergrößerung auffällt.

8.3. SCHNITTSERIE DURCH DEN KÖRPER

Schnittpräparate werden aufgrund der Kleinheit der Tier zweckmäßigerweise als Schnittserien angefertigt. Geeignet sind nur Arten mit einem relativ weichen Panzer; bei härteren Panzern splittert der Schnitt leicht und blättert während der weiteren Präparation ab. Erschwerend kommt für die spätere Untersuchung hinzu, dass

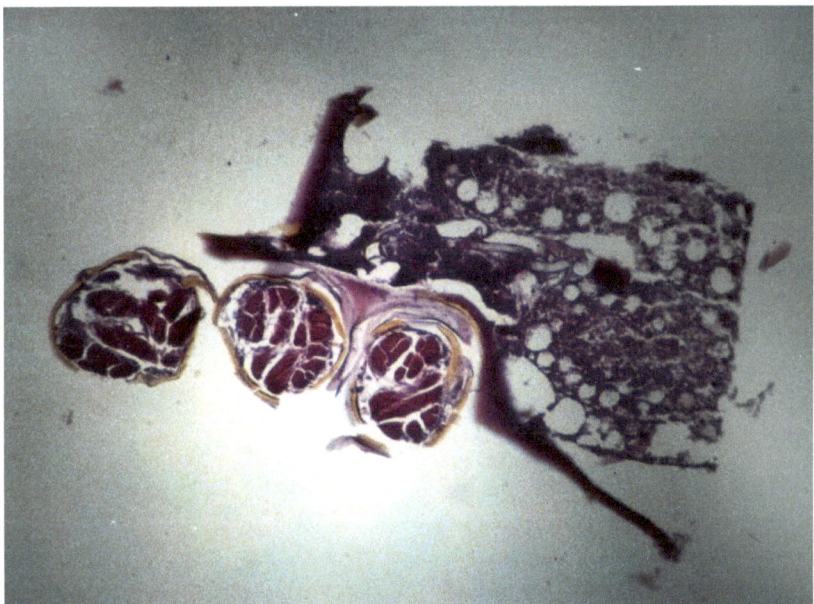

Abbildung 98: Schnitt 1, Coxa-Bereich

aufgrund der geringen Größe der Tiere eine exakte Positionierung für den Schnitt mit Amateurmitteln nicht möglich ist. Man muss hoffen, dass in einer Serie mit vielen Tieren interpretierbare Schnitte vorhanden sind. Andererseits eröffnet sich gerade durch die Kleinheit der Tiere auch die Chance, komplette Schnittserien zu erhalten und das komplette Körperinnere zu rekonstruieren. Abbildung 100 enthält die ungefähre Orientierung der Schnitte, die in den nachfolgenden Aufnahmen dargestellt sind.

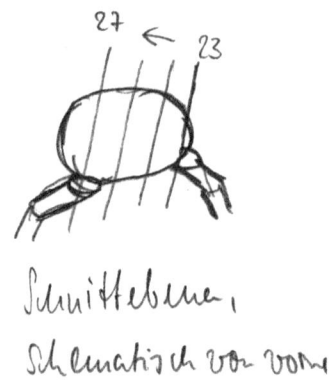

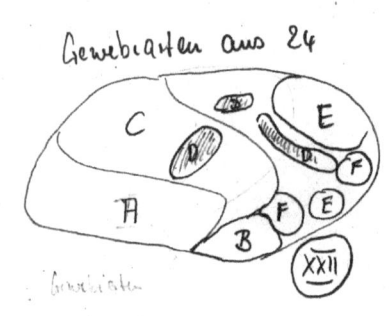

Abbildung 99: Gewebearten in Schnitt I f.

Abbildung 100: Orientierung der Schnitte

Abbildung 98 zeigt einen Anschnitt der Coxa mit den verschiedenen Muskelgruppen zum Bewegen der Beine. Daneben sind Tracheenbündel zu beobachten (*Abbildung 102, Seite 67*), die für die Sauerstoffversorgung des Muskelgewebes sorgen. Oberhalb der Coxa findet sich Drüsengewebe des Speichel- oder

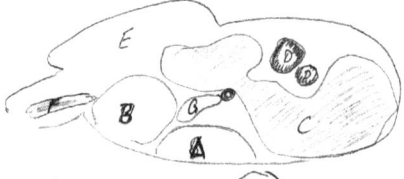

Abbildung 101: Gewebebereiche Schnitt III f.

Verdauungsbereiches. Bei dem schaumig wirkenden Gewebe handelt es sich vermutlich Speicher- und Drüsengewebe des Mitteldarmbereichs.

Weiter im Körperinneren lassen sich im nächsten Schnitt Muskelgewebe der Coxa-Muskeln (*Typ A, Abbildung 99*) erkennen, wobei die die unterschiedlichen Coxa betreffenden Muskeln sich aber nicht mehr trennen lassen. Weiter vorne ist Randgewebe des Zentralnervensystems zu erkennen (*Typ B*), das in verschiedene Segmente aufgeteilt und von einer Bindegewebshaut umschlossen ist. Sehr ausgedehnt sind die Drüsenbereiche des Mitteldarmtraktes (*Typ C*). Sie setzen sich nach vorne in der Bereich E fort, dessen Zellen jedoch große, stark gefärbte Bestandteile aufweisen und sich damit von den hinteren Zellen unterscheiden.

Bereich D umfasst mit einer körnigen Füllung gefüllte Kanäle. Die Körner sind im polarisierten Licht doppelbrechend. Hier handelt es sich um die bei den Geschlechtsorganen beschriebenen, bei Harzeinschluss trübe werdenden Organe. Alle Organbereiche werden vom Tracheensystem durchzogen.

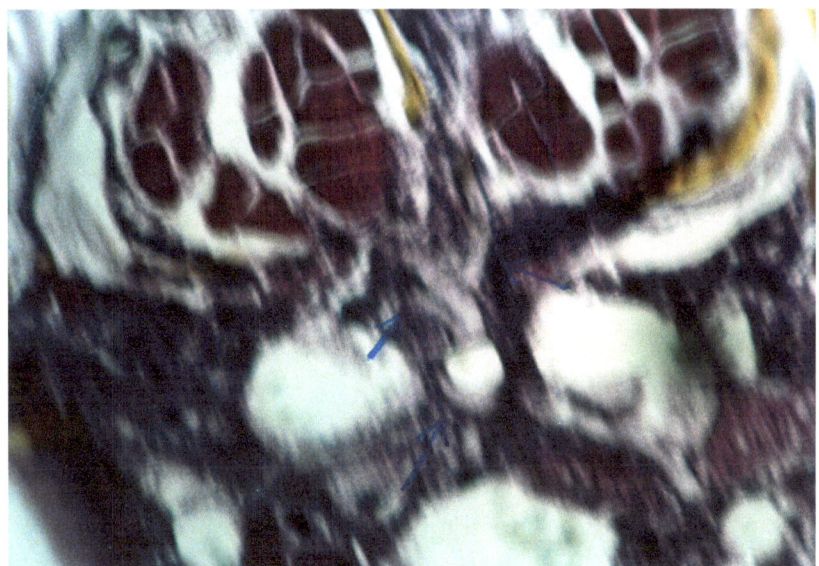

Abbildung 102: Mikrotracheen im Gewebe, Coxa-Bereich

Bei zentral gelegenen Schnitten (*Abbildung 101. Abbildung 103. Abbildung 104*) fällt zunächst das große Zentralnervensystem auf (*Typ B*), das eine gut entwi-

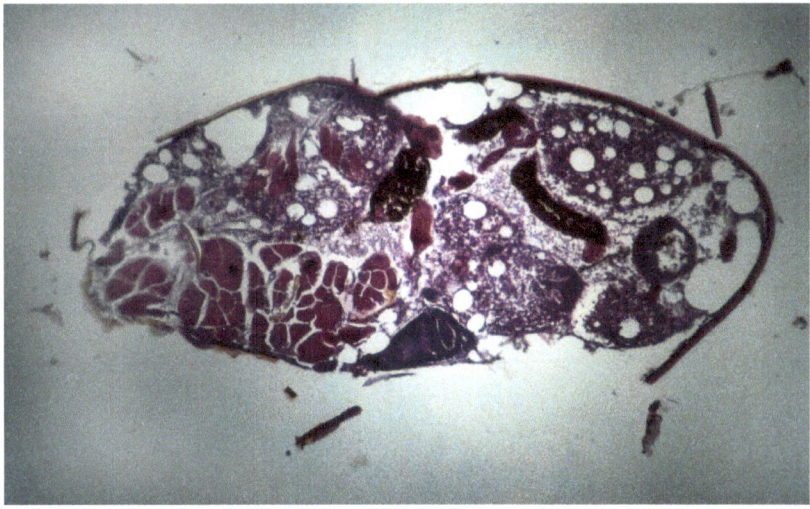

Abbildung 103: Schnitt II

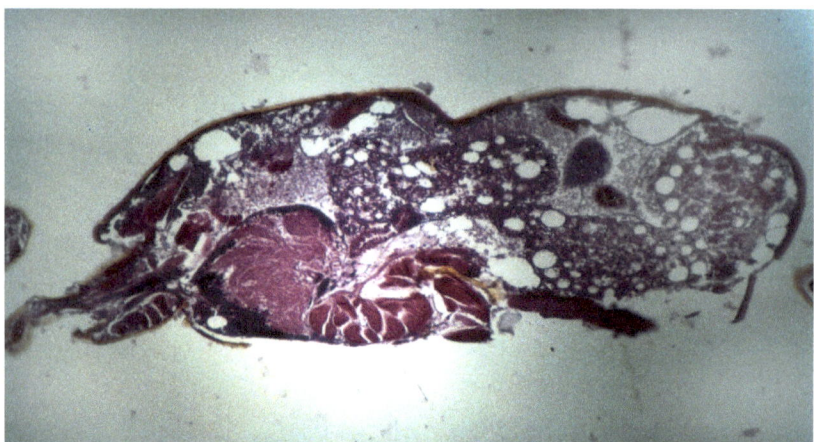

Abbildung 104: Schnitt III, gut ausgeprägtes Zentralnervensystem

ckelte Rinde und einen großen Schaltbereich besitzt. Von dort zieht ein dicker, aus mehreren Strängen bestehender Nerv in die Palpen (*Typ F*), die als wichtige Sinnesorgane bei der Suche nach Nahrung die beste und dichteste Nervenversorgung aufweisen.

Einen Einblick in die Beschaffung der Sinneseindrücke liefert die Nervenversorgung eines Tasthaares, dessen Spitze an einer an der Körperwand verankerten Sinneszelle angreift (*Abbildung 109, Seite 71*). Durch die Auslenkung des Haares wird die Zelle gedehnt; ein Widerlager am Haar begrenzt die mögliche Auslenkung. Die Zelle besitzt eine schwache Querstreifung, ist also vermutlich aus einer Muskelzelle

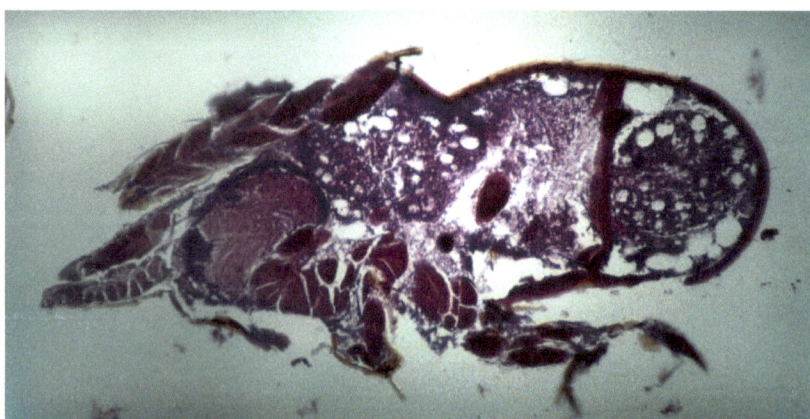

Abbildung 105: Schnitt IV

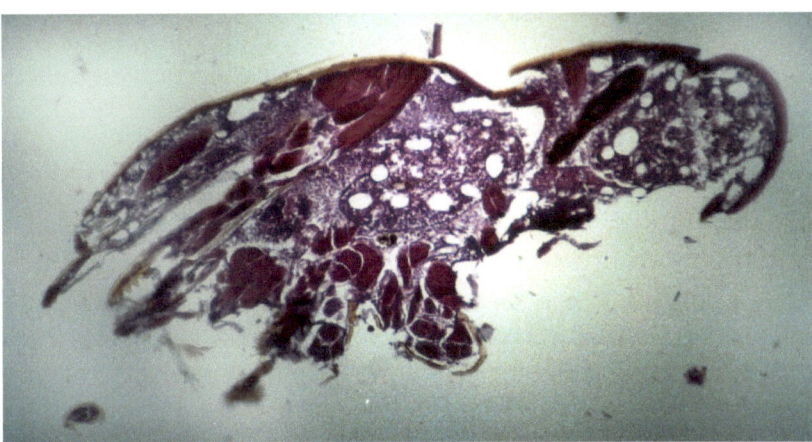

Abbildung 106: Schnitt V

abgeleitet, die neben dem Aufrichten des Haares auch für eine Ableitung eines Signals sorgt.

Die Muskelstränge der Coxa (*Typ A*) sind an einem Sehnennetz aufgehängt, über das die Kräfte zentral abgeleitet werden. Bereich G enthält einen kleinen Kanal, dessen Wand aus länglichen, am Zellkernende verdickten Zellen besteht. Dazwischen liegen in zum Körperinneren offenen Taschen kleine kugelige Körperchen. Die Funktion konnte nicht geklärt werden.

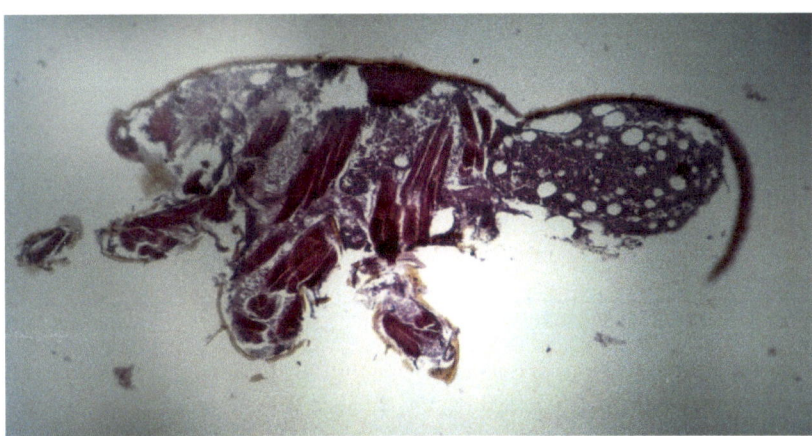

Abbildung 107: Schnitt VI

Bei weiteren Schnitten wird auch das Bauch und Rücken verbindende Muskel-band sichtbar, das das Auspressen von Kot und Eiern aus dem Bauchraum erlaubt. Die nächsten Schnitte enthalten wieder Coxa-Gewebe, das aufgrund der Schräglage der Schnitte eine andere Verteilung aufweist.

8.4. ZENTRALNERVENGEWEBE

Das Gehirn der Milben ist im Verhältnis zur Körpergröße erstaunlich groß und allseitig von einer starken Rindenschicht mit vielen Zellkernen bedeckt. Vom Gehirn gehen starke Nervenbündel zu den Muskeln der einzelnen Coxa (*faserige Strukturen*

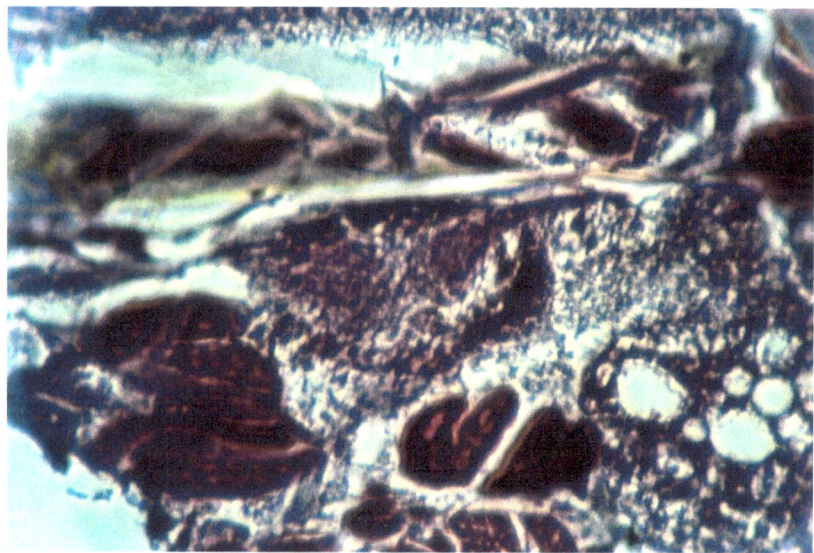

Abbildung 108: Zentralnervensystem im Bereich der Cheliceren

in den Aufnahmen). Das Gehirn selbst wird durch einen waagrechten Balken in un-terschiedliche Bereiche unterteilt. Im hinteren Teil findet sich ein weiterer, abge-trennter Bereich.

Die einzelnen Bereiche weisen eine Schichtung auf, die vermutlich von der Ver-schaltung der Nervenzellen herrührt. Im Bereich der Rindenschicht sind kleine Hohlräume zu finden, die sternförmige Inhalte aufweisen (*Abbildung 120, Seite 75*).

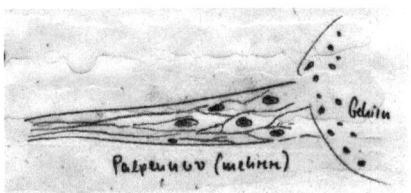

Abbildung 109: zu den Palpen vom Gehirn
ziehender Nervenstrang

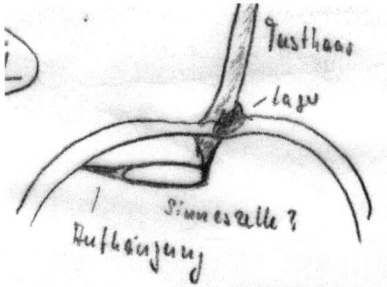

Abbildung 111: Nervenzelle an einem Tasthaar

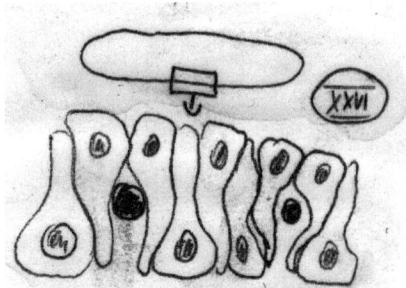

Abbildung 110: Kanalwand Bereich D

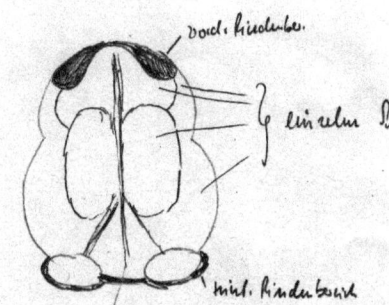

Abbildung 112: Rekonstruktion der verschiedenen Hirnbereiche

Abbildung 113: Darmwand

Präparationstechnik kann allerdings
nicht entscheiden werden, ob es sich hierbei um Dendriten (*Nervenauffaserungen*)
oder Stathozysten (*Kristalle auf Nerven-
unterlage zur Bewegungswahrnehmung*)
handelt.

In einer Schemazeichnung ist der aus
den Schnitten rekonstruierte Gesamtbau
des Gehirns dargestellt (*Abbildung 122,
Seite 76*). Es enthält ausgeprägte Rinden-
bereiche vorne und hinten umschließen
mindestens vier voneinander unterscheid-
bare Regionen, die durch Stränge miteinander verbunden sind. Vermutlich werden

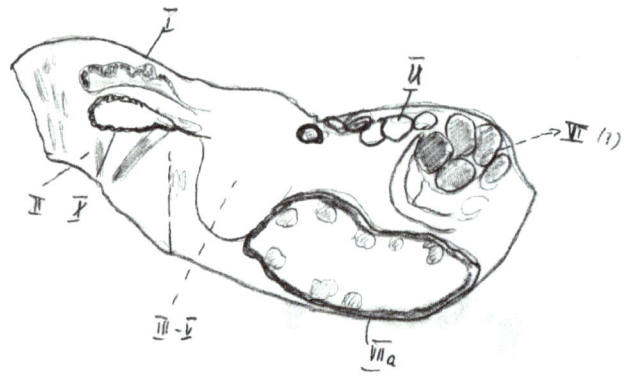

Abbildung 115: Längsschnitt, Ziffern siehe Text

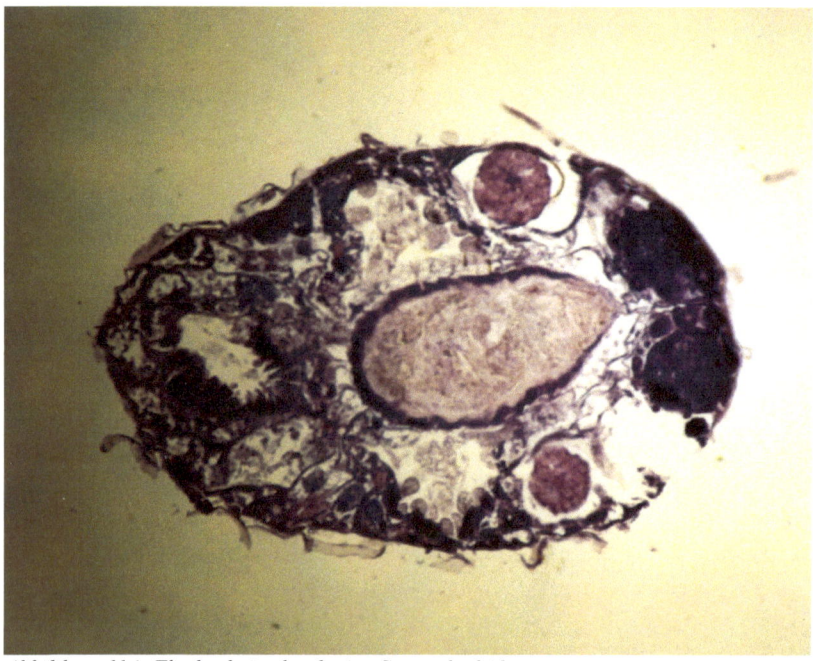

Abbildung 114: Flachschnitt durch eine Saproglyphide

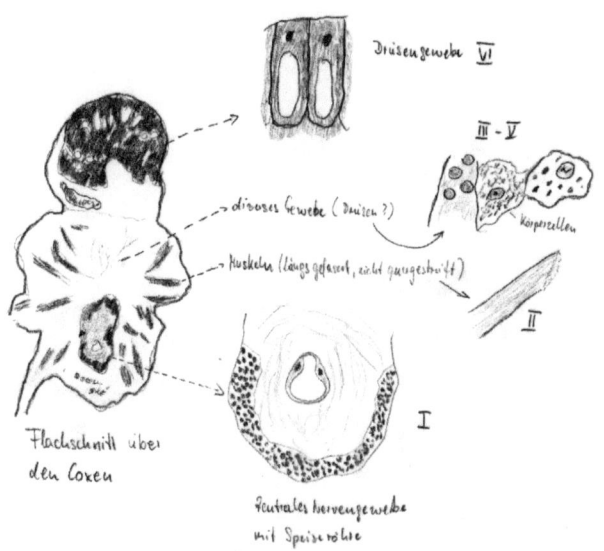

Abbildung 116: Flachschnitt in Höhe der Coxa, Gewebearten und ZNS/Verdauungstrakt. Ziffern siehe Text

die unterschiedlichen Bereiche „Beine", „Palpen", „Cheliceren" usw. durch eigene Nervensystembereiche versorgt, die untereinander verschaltet sind

Bei einer anderen Art (*Tyroglyphide*) wird der Hirnbereich vom Schlund durchdrungen (*Abbildung 124, Seite 77*). Der im Vorderkörper oberhalb des Schlundes befindliche Hirnlappen teilt sich ein zwei Bögen auf, die den Schlund um-laufen und im Hinterkörper unter dem Verdauungsbereich wiederum eine ausge-dehnte Nervenmasse bilden.

8.5. INNERE ORGANE

Die Nahrung gelangt nach dem Fressen in einen Magen im Vorderkörper, der durch Septen unterteilt ist (*Hydrauliksystem für die Beine, siehe Cheliceren?*), und von dort in den Darm, der bei den Saproglyphiden einen mehr oder weniger großen Sack im Hinterleib bildet. Bei weiblichen Tieren finden sich im Hinterleib Eier sowie verschiedene Drüsen und im Körperlumen frei bewegliche Zellen.

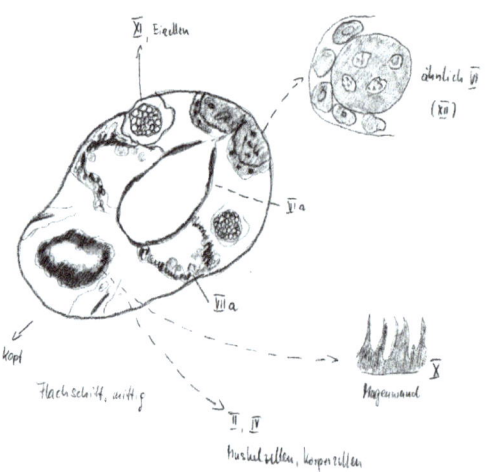

Abbildung 117: Flachschnitt durch die Körpermitte, verschiedene Teile des Verdauungs- und Fortpflanzungssystems. Ziffern siehe Text

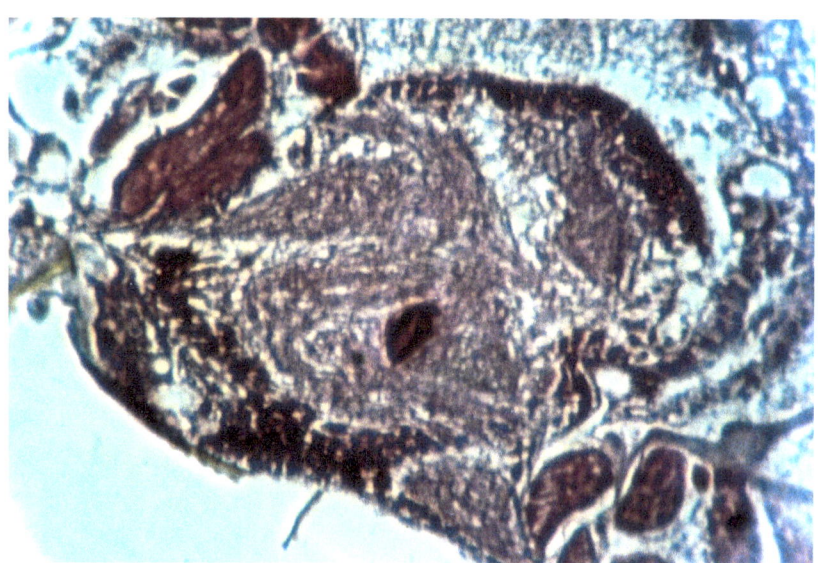

Abbildung 118: Zentralnervensystem, Rinden- und Zentralbereiche

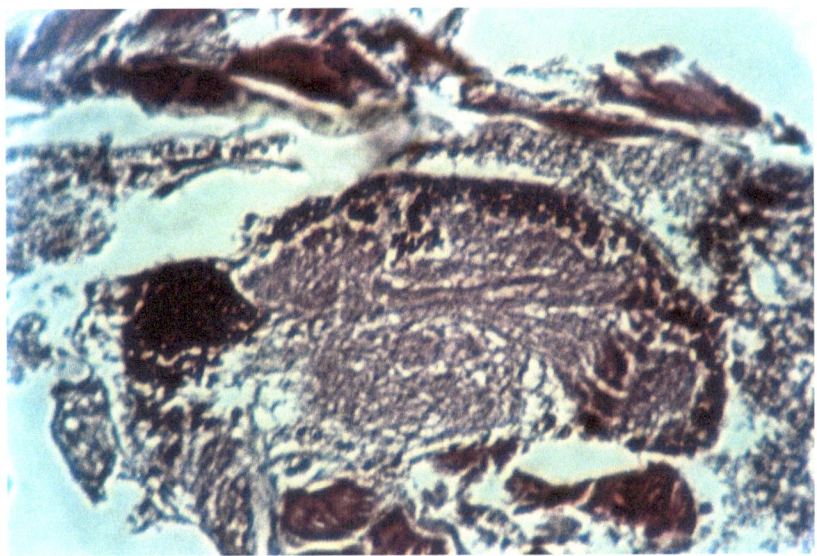

Abbildung 119: Hirnrandbereich

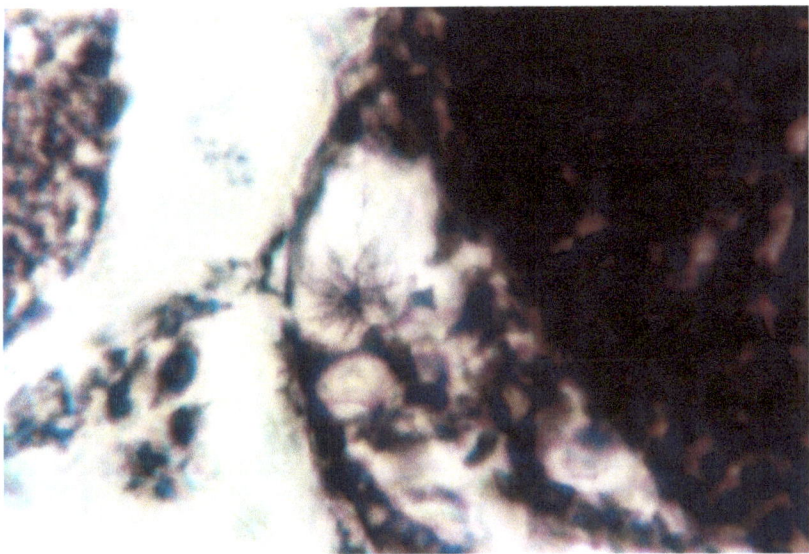

Abbildung 120: Strathzyten oder Dendriten

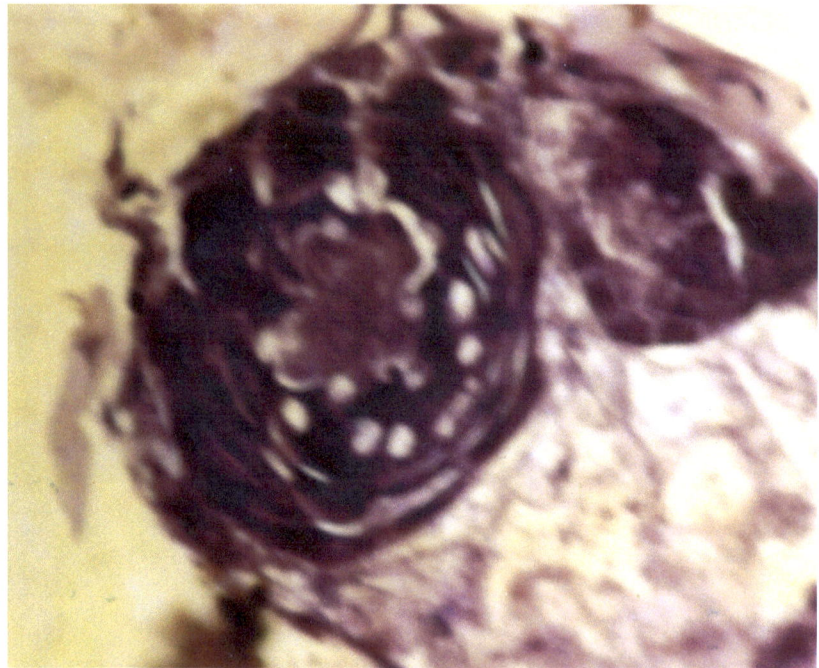

Abbildung 121: Drüsengeweben

Abbildung 122: Zellkernhaltiger und zellkernloser Bereich des ZNS

Der Darm mündet durch einen Kanal in den After, der sich auf der Bauchseite befindet. Der Ausgangskanal beginnt mit einem dicht mit Flimmerhaaren besetzen Abschnitt, der vermutlich den Kot entwässert.

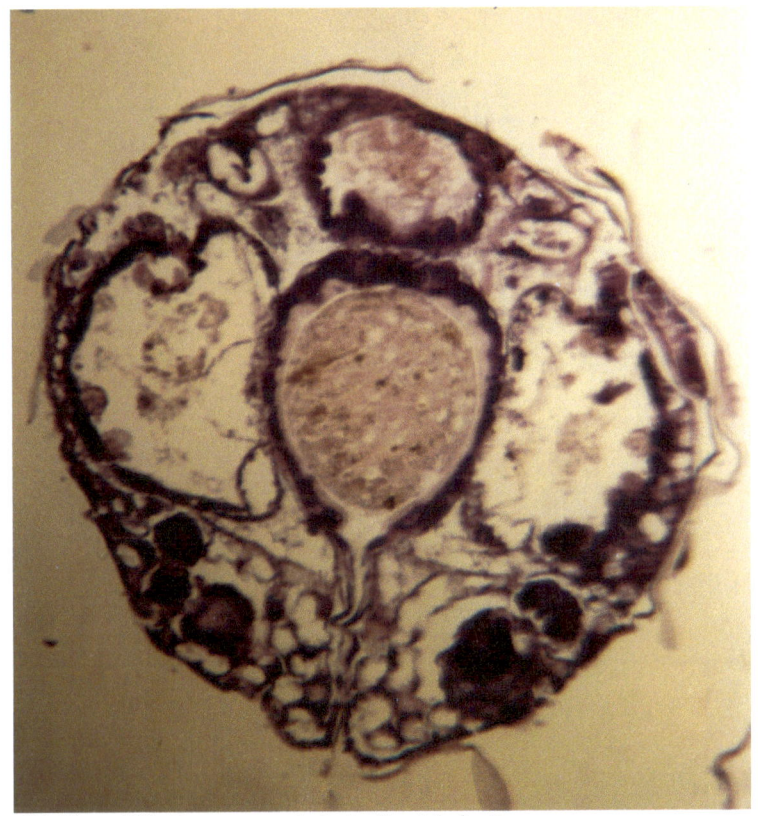

Abbildung 123: Körperquerschnitt im Bereich des Darmausgangs

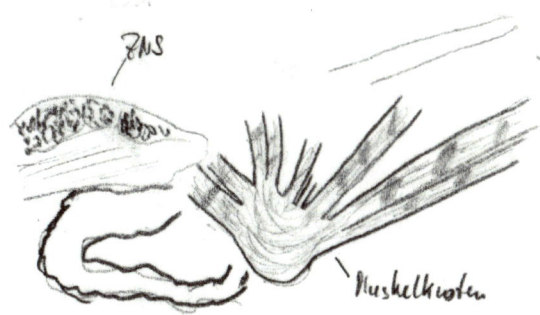

Abbildung 124: ZNS in der Nähe des Zentralmuskelknotens

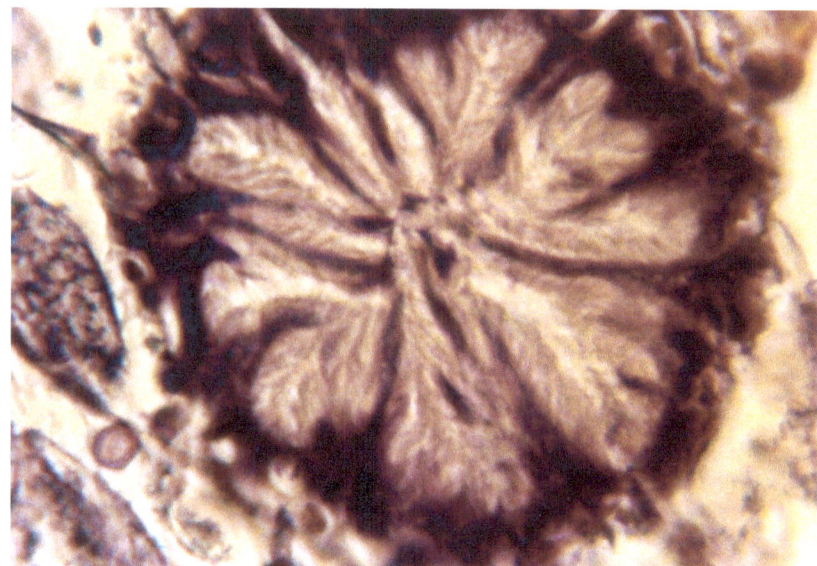

Abbildung 125: Kanal mit Flimmerhaaren

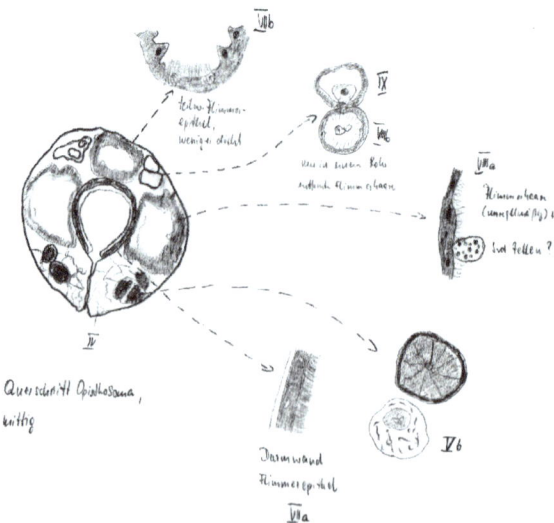

Abbildung 126: Querschnitt durch den Hinterkörper. Verschiedene Organe des Verdauungstraktes. Beschriftungen siehe Text

www.ingramcontent.com/pod-product-compliance
Lightning Source LLC
Chambersburg PA
CBHW040310010626
45792CB00022B/29